▶ 3分でまとめ動画


| | | ぴったり1 準備 | ぴったり2 練習 | ぴったり3 確かめのテスト |
|---|---|---|---|---|
| アルファベットを学ぼう | | ▶ 2、4 | 3、5 | |
| ★英語を書くときのルール | | 6〜7 | | |
| Unit 1　自分のことを伝えよう | ① | ▶ 8 | 9 | 12〜13 |
| | ② | 10 | 11 | |
| | ③ | 14 | 15 | 20〜21 |
| | ④ | 16 | 17 | |
| | ⑤ | 18 | 19 | |
| Unit 2　好きなものについて話そう | ① | ▶ 22 | 23 | 24〜25 |
| | ② | 26 | 27 | 30〜31 |
| | ③ | 28 | 29 | |
| Unit 3　日本について話そう | ① | ▶ 32 | 33 | 36〜37 |
| | ② | 34 | 35 | |
| | ③ | 38 | 39 | 42〜43 |
| | ④ | 40 | 41 | |
| Unit 4　町・地域（ちいき）について話そう | ① | ▶ 44 | 45 | 48〜49 |
| | ② | 46 | 47 | |
| | ③ | 50 | 51 | 54〜55 |
| | ④ | 52 | 53 | |
| Unit 5　したことについて話そう | ① | ▶ 56 | 57 | 60〜61 |
| | ② | 58 | 59 | |
| | ③ | 62 | 63 | 66〜67 |
| | ④ | 64 | 65 | |
| Unit 6　思い出について話そう | ① | ▶ 68 | 69 | 72〜73 |
| | ② | 70 | 71 | |
| | ③ | 74 | 75 | 78〜79 |
| | ④ | 76 | 77 | |
| Unit 7　なりたいものについて話そう | ① | ▶ 80 | 81 | 82〜83 |
| | ② | 84 | 85 | 88〜89 |
| | ③ | 86 | 87 | |
| Unit 8　中学校でしたいことについて話そう | ① | ▶ 90 | 91 | 94〜95 |
| | ② | 92 | 93 | |
| ★スピーキングにチャレンジ | | 97〜104 | | |

| | | |
|---|---|---|
| 巻末 | 夏のチャレンジテスト／冬のチャレンジテスト／春のチャレンジテスト／学力診断（しんだん）テスト | とりはずしてお使いください |
| 別冊 | 丸つけラクラク解答 | |


トラック トラック のついているところと、各付録の音声は、右のQRコード、または専用の「ポケットリスニング」のアプリから聞くことができます。
「ポケットリスニング」について、くわしくは表紙の裏をご覧ください。
https://www.shinko-keirin.co.jp/shinko/listening-pittari_training/

のついているところは専用の「ぴたトレスピーキング」のアプリで学習します。
くわしくは97ページをご覧ください。

ぴったり1 準備

3分でまとめ

# アルファベットを学ぼう
## 大文字

学習日　　月　　日

### アルファベット　大文字

ききトリ　音声でアルファベットの音を聞いて、後に続いて言ってみましょう。 トラック0

| エイ | ビー | スィー | ディー | イー |
|---|---|---|---|---|
| □ A | □ B | □ C | □ D | □ E |

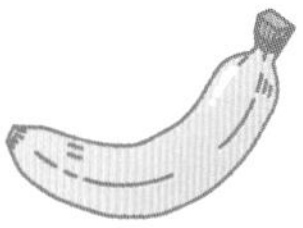

| エフ | ジー | エイチ | アイ | ジェイ |
|---|---|---|---|---|
| □ F | □ G | □ H | □ I | □ J |

| ケイ | エル | エンム | エンヌ | オウ |
|---|---|---|---|---|
| □ K | □ L | □ M | □ N | □ O |

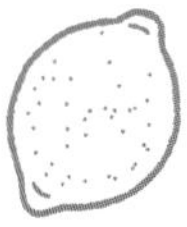

| ピー | キュー | アール | エス | ティー |
|---|---|---|---|---|
| □ P | □ Q | □ R | □ S | □ T |

| ユー | ヴィー | ダブリュー | エクス | ワイ | ズィー |
|---|---|---|---|---|---|
| □ U | □ V | □ W | □ X | □ Y | □ Z |

☑ 発音したらチェック

ぴったり2

# 練習

学習日 月 日

※アルファベットの書き順は目安です。
※この本では英語の発音をよく似たカタカナで表しています。
めやすと考え、音声で正しい発音を確かめましょう。

かきトリ 声に出して文字をなぞった後、自分で2回ぐらい書いてみましょう。 できたらチェック! 書く 話す

① A

② B

③ C

④ D

⑤ E

⑥ F

⑦ G

⑧ H

⑨ I

⑩ J

⑪ K

⑫ L

⑬ M

⑭ N

⑮ O

⑯ P

⑰ Q

⑱ R

⑲ S

⑳ T

㉑ U

㉒ V

㉓ W

㉔ X

㉕ Y

㉖ Z

ヒント
大文字は、一番上の線から3番目の線までの間に書くよ。

学習日　　月　　日

# アルファベットを学ぼう 小文字

## アルファベット　小文字

ききトリ　アルファベットをリズムに乗って言ってみましょう。　トラック0

| エイ | ビー | スィー | ディー | イー |
|---|---|---|---|---|
| □ a | □ b | □ c | □ d | □ e |

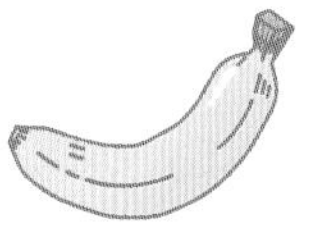

| エフ | ジー | エイチ | アイ | ジェイ |
|---|---|---|---|---|
| □ f | □ g | □ h | □ i | □ j |

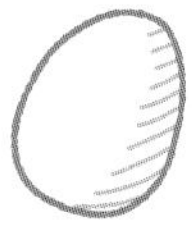

| ケイ | エル | エンム | エンヌ | オウ |
|---|---|---|---|---|
| □ k | □ l | □ m | □ n | □ o |

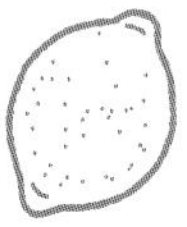

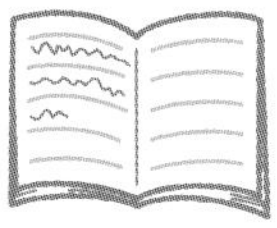

| ピー | キュー | アール | エス | ティー |
|---|---|---|---|---|
| □ p | □ q | □ r | □ s | □ t |

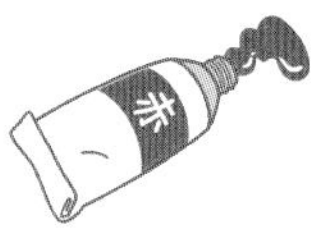

| ユー | ヴィー | ダブリュー | エクス | ワイ | ズィー |
|---|---|---|---|---|---|
| □ u | □ v | □ w | □ x | □ y | □ z |

☑発音したらチェック

学習日　　月　　日

※アルファベットの書き順は目安です。
※この本では英語の発音をよく似たカタカナで表しています。
めやすと考え、音声で正しい発音を確かめましょう。

かきトリ　声に出して文字をなぞった後、自分で2回ぐらい書いてみましょう。　できたらチェック！　書く　話す

① a　② b　③ c
④ d　⑤ e　⑥ f
⑦ g　⑧ h　⑨ i
⑩ j　⑪ k　⑫ l
⑬ m　⑭ n　⑮ o
⑯ p　⑰ q　⑱ r
⑲ s　⑳ t　㉑ u
㉒ v　㉓ w　㉔ x
㉕ y　㉖ z

ヒント
bとdのように、形の似ているアルファベットがいくつかあるね。

# ★英語を書くときのルール★

英語を書くときは、日本語とはちがうルールがいくつかあります。
次からのページで英語を書くときは、ここで学ぶことに気をつけましょう。

## ① 単語（たんご）の中の文字どうしはくっつけて書き、単語どうしははなして書く！

Good morning.　I'm Saori.

↑ 単語と単語の間は、少しあけるよ。　↑ 文と文の間は、１文字程度あけるよ。

Ｇｏｏｄのように、１文字１文字がはなれないようにしよう。

## ② 文の最初（さいしょ）の文字は大文字で書く！

Good morning.

× good morning.

Yes, I do.

I は文のどこでも大文字だよ。

### ▶以下（いか）のような単語は文のどこでも大文字で始めます。

人の名前　Olivia

国名　Japan

地名　Osaka

## ③ 文の終わりにはピリオド（.）をつける！

Nice to meet you.

Good idea!

強調するときなどに使うエクスクラメーションマーク（!）をつけるときは ピリオドはなくてよいよ。

## ④ たずねる文の終わりには、ピリオドのかわりにクエスチョンマーク（?）をつける！

How are you?

× How are you.

## ⑤ 単語の間にはコンマ（,）をつけることがある！

Yes, it is.

Yes や No のあとにはコンマ（,）を入れるよ。

# ★数字を表す英語のルール★

トラック0

ものの個数や値段(ねだん)、年れいを表す数字と、日づけなどに使う数字の2通りを知っておきましょう。

### ものの個数や値段、年れいを表す数字

| 1<br>one | 2<br>two | 3<br>three | 4<br>four | 5<br>five |
|---|---|---|---|---|
| 6<br>six | 7<br>seven | 8<br>eight | 9<br>nine | 10<br>ten |
| 11<br>eleven | 12<br>twelve | 13<br>thirteen | 14<br>fourteen | 15<br>fifteen |
| 16<br>sixteen | 17<br>seventeen | 18<br>eighteen | 19<br>nineteen | 20<br>twenty |
| 21<br>twenty-one | 22<br>twenty-two | 23<br>twenty-three | 24<br>twenty-four | 25<br>twenty-five |
| 26<br>twenty-six | 27<br>twenty-seven | 28<br>twenty-eight | 29<br>twenty-nine | 30<br>thirty |
| 40<br>forty | 50<br>fifty | 60<br>sixty | 70<br>seventy | 80<br>eighty |
| 90<br>ninety | 100<br>one hundred | | | |

(例) three apples (3つのりんご)

### 日づけを表す数字

| 1st<br>first | 2nd<br>second | 3rd<br>third | 4th<br>fourth | 5th<br>fifth | 6th<br>sixth | 7th<br>seventh |
|---|---|---|---|---|---|---|
| 8th<br>eighth | 9th<br>ninth | 10th<br>tenth | 11th<br>eleventh | 12th<br>twelfth | 13th<br>thirteenth | 14th<br>fourteenth |
| 15th<br>fifteenth | 16th<br>sixteenth | 17th<br>seventeenth | 18th<br>eighteenth | 19th<br>nineteenth | 20th<br>twentieth | 21st<br>twenty-first |
| 22nd<br>twenty-second | 23rd<br>twenty-third | 24th<br>twenty-fourth | 25th<br>twenty-fifth | 26th<br>twenty-sixth | 27th<br>twenty-seventh | 28th<br>twenty-eighth |
| 29th<br>twenty-ninth | 30th<br>thirtieth | 31st<br>thirty-first | | | | |

(例) My birthday is April 1st.
(わたしの誕生日(たんじょうび)は4月1日です。)

3分でまとめ

# Unit 1 自分のことを伝えよう①

学習日 月 日

めあて 5年生の学習をふり返ろう。

## 名前・誕生日の伝え方

ききトリ 音声を聞き、声に出してみましょう。 トラック1~2

マイ ネイム イズ トム
**My name is Tom.**
わたしの名前はトムです。

マイ バースデイ イズ メイ フォース
**My birthday is May 4th.**
わたしの誕生日は5月4日です。

せつめい つたえる My name is ~.で、「わたしの名前は~です。」と自分の名前を伝えることができます。誕生日を伝えるときは〈My birthday is＋月を表す語＋順番を表す語.〉で「わたしの誕生日は○月△日です。」と表すことができます。

ききトリ 音声を聞き、英語の言葉を言いかえて、文を読んでみましょう。 トラック3~4

**My name is Tom. My birthday is May 4th.**

いいかえよう 月を表す英語

□January (1月)

□February (2月)

□March (3月)

□April (4月)

□May (5月)

□June (6月)

□July (7月)

□August (8月)

□September (9月)

□October (10月)

□November (11月)

□December (12月)

**ワンポイント**

9月から12月は、最後にberがつくことを覚えておこう。

**これを知ったらワンダフル!**

古代ローマ時代には1年は10か月だったんだよ。現在の1月が3月と考えられていたんだ。現在の10月はOctoberだけど、octはラテン語で8という意味で、当時のOctoberは8月だったんだよ。

ぴったり2

# 練習

学習日　　月　　日

**ぴったりクイズ** 答えはこのページの下にあるよ！

自分の名前を相手に伝える言い方には、My name is ～.のほかに別の表現があるよ。何と言うか分かるかな？

## かきトリ 英語をなぞり、声に出してみましょう。

できたらチェック！ 書く 話す

□１月 January

□２月 February

□３月 March

□４月 April

□５月 May

□６月 June

□７月 July

□８月 August

□９月 September

□10月 October

□11月 November

□12月 December

□わたしの名前はトムです。

My name is Tom.

□わたしの誕生日は５月４日です。

My birthday is May 4th.

**ヒント** 月を表す英語は、最初の文字を大文字で書き始めよう。

▶読み方が分からないときは、左ページにもどって音声を聞いてみましょう。

## やりトリ 自分の誕生日を書いて、声に出してみましょう。

できたらチェック！ 書く 話す

My birthday is ＿＿＿＿＿＿＿＿.

**つたえるコツ** 誕生日は「月を表す語＋順番を表す語」の順番になるんだったね。それぞれの語の発音をしっかり確認(かくにん)してから言おう。

▶あてはめる英語は、左のページや付録の小冊子、教科書や辞書などから探してみよう！

練習ができたら、次は誰かに伝えてみよう！

**ぴったりクイズの答え** I'm ～.とも言うよ。名前と名字を言うときは、ふつう日本語と同じように〈名字＋名前〉の順序になるよ。

ぴったり1
# 準備

## Unit 1 自分のことを伝えよう②

学習日　　月　　日

めあて
5年生の学習をふり返ろう。

### 自分のできること・得意なことの伝え方

ききトリ 音声を聞き、声に出してみましょう。　トラック5〜6

アイ キャン スピーク イングリッシ ウェル
**I can speak English well.**
わたしは英語をじょうずに話すことができます。

アイム グッド アト スウィミング
**I'm good at swimming.**
わたしは泳ぐことが得意です。

せつめい　つたえる　自分のできることを伝えるときはI can ~.で、「わたしは~ができます。」と表します。また、自分の得意なことを伝えるときはI'm good at ~.で「わたしは~が得意です。」と表すことができます。

ききトリ 音声を聞き、英語の言葉を言いかえて、文を読んでみましょう。　トラック7〜10

I can **speak English well** .

いいかえよう　できることを表す英語

□run fast
（速く走る）

□swim
（泳ぐ）

□cook well
（じょうずに料理する）

ワンポイント
wellは「じょうずに、うまく」という意味を表すよ。

I'm good at **swimming** .

いいかえよう　得意なことを表す英語

□playing the piano
（ピアノをひくこと）

□singing
（歌うこと）

□running
（走ること）

これを知ったらワンダフル！
得意なことを表すときにatのすぐ後ろに入る言葉は、動作を表す英語とingを組み合わせて、「~すること」とすることが多いよ。

ぴったり2
# 練習

学習日　　月　　日

**？ぴったりクイズ** 答えはこのページの下にあるよ！

「できる」という意味を表すcanは、同じつづりでまったく別の、ある「もの」を表すことがあるよ。何か分かるかな？

## かきトリ 英語をなぞり、声に出してみましょう。

できたらチェック！ 書く 話す

□ピアノをひくこと
playing the piano

□泳ぐ
swim

□速く走る
run fast

□走ること
running

**ヒント**
running、swimmingはそれぞれn、mを2回書くことに注意しよう。

□じょうずに料理する
cook well

□歌うこと
singing

□わたしは英語をじょうずに話すことができます。
I can speak English well.

□ わたしは泳ぐことが得意です。
I'm good at swimming.

▶読み方が分からないときは、左ページにもどって音声を聞いてみましょう。

## やりトリ 自分のできることと得意なことを書いて、声に出してみましょう。

できたらチェック！ 書く 話す

I can ＿＿＿＿＿＿＿＿.

I'm good at ＿＿＿＿＿＿＿＿.

**つたえるコツ**
「できる」ということを伝えたいときはI can ～. の文を、「得意」ということを伝えたいときはI'm good at ～. の文を使うようにしよう。

▶あてはめる英語は、左のページや付録の小冊子、教科書や辞書などから探してみよう！

練習ができたら、次は誰かに伝えてみよう！

**ぴったりクイズの答え** canには「（かんづめなどの）かん」という意味もあるよ。発音は[**キャン**]で同じだよ。

# Unit 1
## 自分のことを伝えよう①～②

答え 2ページ

**1** 音声の内容に合う絵を、下の㋐～㋒から選び、(　　)に記号を書きましょう。 トラック11

技能 1問10点(20点)

㋐ 

㋑

㋒ 

(1) (　　　　) (2) (　　　　)

**2** 音声を聞いて、内容に合う絵を線で結びましょう。 トラック12

1問10点(30点)

(1) 
Momoka

(2) 
Ken

(3) 
Nancy

| 6/12 | 7/12 | 9/2 | 11/15 |
|---|---|---|---|

ふりかえり ❷が分からないときは、8ページにもどって確認(かくにん)してみよう。

## 3 日本文に合う英語の文になるように、[　　]の中から語を選び、[　　]に書き、文全体をなぞりましょう。

1つ6点(30点)

(1) わたしの名前はワタルです。

My [　　] is Wataru.

(2) わたしはピアノをひくことが得意です。

I'm [　　] at [　　] the piano.

(3) わたしの誕生日(たんじょうび)は４月21日です。

My [　　] is [　　] 21st.

playing　name　April　good　birthday

## 4 女の子が自己しょうかいをします。絵の内容に合うように、[　　]の中から正しい英語を選んで(1)と(2)に書き、文全体をなぞりましょう。

思考・判断・表現　1問10点(20点)

My name is Yuki.

(1) My birthday is ________.

(2) I'm good at ________.

March 6th　running

May 6th　swimming

ぴったり1 準備

# Unit 1 自分のことを伝えよう③

学習日　　月　　日

めあて
5年生の学習をふり返ろう。

## 人の名前とその人のとくちょうの伝え方

ききトリ 音声を聞き、声に出してみましょう。　トラック13～14

**This is Aki.**（ズィス イズ アキ）
こちらはアキです。

**She is kind.**（シー イズ カインド）
彼女(かのじょ)は親切です。

せつめい　つたえる　人をしょうかいするときの「こちらは～です。」は、This is ～.で表します。続けてその人のとくちょうについて伝えるとき、女の人の場合はShe is ～.で「彼女は～です。」と表すことができます。男の人の場合はSheのかわりにHe［ヒー］を使います。

ききトリ 音声を聞き、英語の言葉を言いかえて、文を読んでみましょう。　トラック15～16

This is Aki.　She is **kind** .

いいかえよう　とくちょうを表す英語

| | | |
|---|---|---|
| □smart<br>（頭のよい）<br> | □brave<br>（勇敢(ゆうかん)な）<br> | □friendly<br>（親しみやすい）<br> |
| □strong<br>（強い）<br> | □cute<br>（かわいい）<br> | □cool<br>（かっこいい）<br> |
| □funny<br>（おもしろい）<br> | □active<br>（活発な）<br> | □popular<br>（人気のある）<br> |

**ワンポイント**
kind「親切な」
→is kind「親切です」
のように、isは「～です」という意味を表すよ。

**これを知ったらワンダフル！**
sheやheは「人」に対して使うものだけど、ペットなどの身近な動物にも使うことがあるよ。メスにはshe、オスにはheを使うよ。

ぴったり2

# 練習

学習日　　月　　日

?ぴったりクイズ　答えはこのページの下にあるよ！

smartは「頭がいい」という意味だけど、機器などを説明するときは別の意味で使うよ。どんな意味か分かるかな？

## かきトリ　英語をなぞり、声に出してみましょう。

できたらチェック！　書く　話す

□親しみやすい
friendly

□かわいい
cute

□勇敢な
brave

□強い
strong

□頭のよい
smart

□かっこいい
cool

□活発な
active

□おもしろい
funny

□人気のある
popular

□こちらはアキです。
This is Aki.

□こちらはケイです。
This is Kei.

□彼女は親切です。
She is kind.

□彼(かれ)はおもしろいです。
He is funny.

▶読み方が分からないときは、左ページにもどって音声を聞いてみましょう。

## やりトリ　人の名前ととくちょうを書いて、声に出してみましょう。

できたらチェック！　書く　話す

This is ＿＿＿＿＿＿.

＿＿＿＿＿＿ is ＿＿＿＿＿＿.

**つたえるコツ**

しょうかいする人の名前と、彼または彼女のとくちょうを強く言おう。

▶あてはめる英語は、左のページや付録の小冊子、教科書や辞書などから探してみよう！

練習ができたら、次は誰かに伝えてみよう！

**ぴったりクイズの答え**　smartには「(機械などが)高性能の」という意味があるよ。

ぴったり1 準備

# Unit 1 自分のことを伝えよう④

学習日　　月　　日

めあて　5年生の学習をふり返ろう。

## したいことの伝え方

ききトリ　音声を聞き、声に出してみましょう。　トラック17〜18

アイ ワ(ー)ント トゥ ゴウ トゥ イタリィ
**I want to go to Italy.**
わたしはイタリアに行きたいです。

アイ ワ(ー)ント トゥ スィー フラウアズ
**I want to see flowers.**
わたしは花を見たいです。

せつめい　つたえる　自分がしたいことを伝えるときは、I want to ～. で「わたしは～したいです。」と表します。上の文は「～」の部分が**go to** ～（～に行く）なので、訪(おとず)れたい国の名前や場所の名前を続けます。**want to**の後ろを**see** ～（～を見る）、**eat** ～（～を食べる）などにして、見たいものや食べたいものを伝えることもできます。

ききトリ　音声を聞き、英語の言葉を言いかえて、文を読んでみましょう。　トラック19〜20

I want to **go to Italy** . I want to see flowers.

いいかえよう　したいことを表す英語

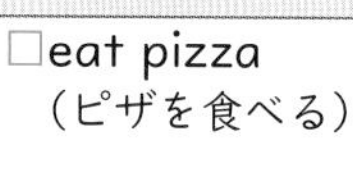

- □watch a baseball game（野球の試合を見る）
- □eat pizza（ピザを食べる）
- □climb Mt. Fuji（富士山に登る）

- □visit a zoo（動物園を訪れる）
- □eat curry（カレーを食べる）
- □go to the UK（イギリスに行く）

- □go to the USA（アメリカに行く）
- □watch a soccer game（サッカーの試合を見る）
- □drink water（水を飲む）

ワンポイント
国名や県名、都市名などは、最初の文字を大文字で表すよ。

これを知ったらワンダフル！
want toのあとには動作を表す英語が続くよ。

| D Smiles（教育出版） | |
|---|---|
| | 本書のページ |
| | 8～21 |
| l. | 46～55 |
| | 32～43 |
| n | 56～67 |
| | 88～95（5年） |
| | 70～79 |
| be? | 80～89 |
| .ife | 90～95 |

| CROWN Jr.（三省堂） | |
|---|---|
| 教科書のもくじ | 本書のページ |
| Lesson 1<br>We are from India. | 16～21 |
| Lesson 2<br>We have Children's Day in May. | 40～43 |
| Lesson 3<br>I went to the beach. | 56～67 |
| Lesson 4<br>It was green. | 64～67<br>74～79 |
| Lesson 5<br>We had the sports day in October. | 68～79 |
| Lesson 6<br>I want to be a singer. | 80～89 |
| Lesson 7<br>I want to join the brass band. | 90～95 |

【教科書との単元対照表】
英語　５年

★　この表は、あなたが使っている教科書のもくじ（単元）が、「教科書ぴったりトレーニング」の何ページにのっているかを示したものです。

★　教科書の各単元を左側に、その単元の内容の出ている「教科書ぴったりトレーニング」のページを右側に示しています。

| ONE WO |
| --- |
| 教科書のも |
| Lesson 1<br>Nice to meet you |
| Lesson 2<br>When is your bir |
| Lesson 3<br>I have P.E. on M |
| Lesson 4<br>This is my drear |
| Lesson 5<br>I can run fast. |
| Lesson 6<br>Where do you w |
| Lesson 7<br>I'd like pizza. |
| Lesson 8<br>Where is the sto |
| Lesson 9<br>My Hero, My D |

| D Smiles（教育出版） | |
|---|---|
| じ | 本書のページ |
| | 8～13 |
| y? | 22～29 |
| ay. | 14～21 |
| . | 30～41 |
| | 42～53 |
| go? | 88～95 |
| | 66～71 |
| | 76～87 |
| Friend | 48～53<br>56～65 |

## CROWN Jr.
（三省堂）


| 教科書のもくじ | 本書のページ |
|---|---|
| Lesson 1<br>My name is Jun. | 8～13<br>22～29 |
| Lesson 2<br>I play soccer on Tuesdays. | 14～21 |
| Lesson 3<br>He is my brother. | 54～59 |
| Lesson 4<br>I can jump high. | 42～47 |
| Lesson 5<br>She can bake cookies. | 48～53<br>60～65 |
| Lesson 6<br>It is in Fukui. | 76～77<br>80～81 |
| Lesson 7<br>I want to go to Kenya. | 88～95 |

# 【教科書との単元対照表】
英語　６年

★　この表は、あなたが使っている教科書のもくじ（単元）が、「教科書ぴったりトレーニング」の何ページにのっているかを示したものです。

★　教科書の各単元を左側に、その単元の内容の出ている「教科書ぴったりトレーニング」のページを右側に示しています。

| ONE WO |
| --- |
| 教科書のも |
| Lesson 1<br>Let's be friends |
| Lesson 2<br>My town is won |
| Lesson 3<br>Welcome to Jap |
| Lesson 4<br>My Summer Va |
| Lesson 5<br>Dream World T |
| Lesson 6<br>My Best Memo |
| Lesson 7<br>What do you w |
| Lesson 8<br>Junior High Sc |

ぴったり2

# 練習

学習日　　月　　日

**ぴったりクイズ** 答えはこのページの下にあるよ！

the UKはイギリスのことだけど、このUとKがどんな意味を持つか分かるかな？

## かきトリ 英語をなぞり、声に出してみましょう。

できたらチェック！ 書く 話す

□カレーを食べる

eat curry

□イギリスに行く

go to the UK

□動物園を訪れる

visit a zoo

□水を飲む

drink water

□ピザを食べる

eat pizza

□富士山に登る

climb Mt. Fuji

□サッカーの試合を見る

watch a soccer game

□野球の試合を見る

watch a baseball game

□わたしはイタリアに行きたいです。

I want to go to Italy.

▶読み方が分からないときは、左ページにもどって音声を聞いてみましょう。

## やりトリ 自分のしたいことを書いて、声に出してみましょう。

できたらチェック！ 書く 話す

I want to ＿＿＿＿＿＿＿＿.

**つたえるコツ**

まずは動作を表す英語を言って、次にそのくわしい内容を伝えるようにしよう。

▶あてはめる英語は、左のページや付録の小冊子、教科書や辞書などから探してみよう！

練習ができたら、次は誰かに伝えてみよう！

**ぴったりクイズの答え** UKのUはunited(統一された)、Kはkingdom(王国)という意味だよ。UKは「王様が治めていた国がいくつかあり、それが統一されて１つになった国」という意味だよ。

ぴったり1 準備

# Unit 1 自分のことを伝えよう⑤

学習日　　月　　日

めあて
5年生の学習をふり返ろう。

## 自分の好きなもの・ほしいもの・時間割の伝え方

ききトリ 音声を聞き、声に出してみましょう。 トラック21〜22

アイ ライク キャッツ アイ ワ(ー)ント アプルズ
**I like cats. I want apples.**
わたしはネコが好きです。わたしはリンゴがほしいです。

アイ ハヴ ミューズィック ア(ー)ン フライディ
**I have music on Friday.**
わたしは金曜日に音楽があります。

せつめい つたえる 自分の好きなものを伝えるときはI like ～. で「わたしは～が[を]好きです。」と表します。自分のほしいものを伝えるときはI want ～. で「わたしは～が[を]ほしいです。」と表します。また、授業の曜日を伝えるときの「○曜日に～があります」は、「～を持っている」という意味のhaveで表すことができます。

ききトリ 音声を聞き、英語の言葉を言いかえて、文を読んでみましょう。 トラック23〜26

**I like cats. I want apples.**

いいかえよう 好きなものを表す英語

□dogs（イヌ）

□rabbits（ウサギ）

□books（本）

□bananas（バナナ）

□gloves（手ぶくろ）

□bicycles（自転車）

□hamburgers（ハンバーガー）

□green tea（お茶）

**ワンポイント**
イヌや本のように数えられるもので「～が好き」と言うとき、「イヌ[本]というもの(すべて)」という意味になるようにdogs、booksとsをつけるよ。

**I have music on Friday.**

いいかえよう 教科を表す英語

□English（英語）

□science（理科）

□Japanese（国語）

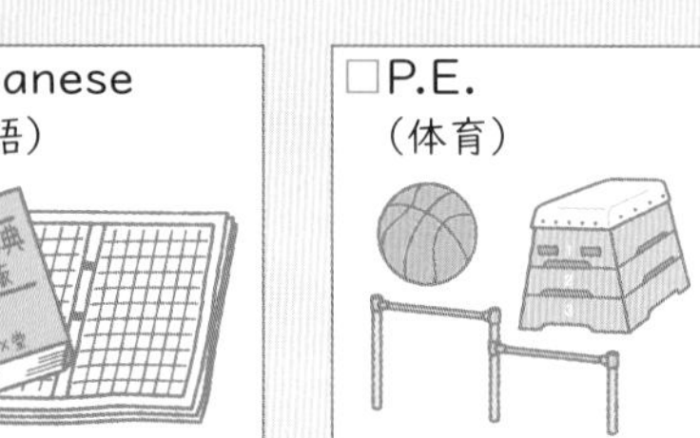


□P.E.（体育）

**これを知ったらワンダフル！**
haveは今回の「(授業が)ある」のほかにも「持っている」「(動物を)飼う」、「食べる」「(家族などが)いる」など、たくさんの意味があるよ。

小冊子のp.24～25で、もっと言葉や表現を学ぼう！

ぴったり2

# 練習

学習日　　月　　日

**ぴったりクイズ** 答えはこのページの下にあるよ！

「自転車」はbicycle[バイスィクル]やbike[バイク]と言うけど、「オートバイ」は何と言うか分かるかな？

## かきトリ　英語をなぞり、声に出してみましょう。

できたらチェック！　書く□　話す□

□～が[を]好きだ　like

□～がある　have

□～が[を]ほしい　want

□イヌ　dogs

□ウサギ　rabbits

□バナナ　bananas

□国語　Japanese

□英語　English

□理科　science

□わたしはネコが好きです。
I like cats.

□わたしはリンゴがほしいです。
I want apples.

□わたしは金曜日に音楽があります。
I have music on Friday.

▶読み方が分からないときは、左ページにもどって音声を聞いてみましょう。

## やりトリ　自分の好きなものとほしいものを書いて、声に出してみましょう。

できたらチェック！　書く□　話す□

I like ＿＿＿＿.

I want ＿＿＿＿.

**つたえるコツ**

自分が書いた好きなもの、ほしいものをそれぞれ強く言おう。

▶あてはめる英語は、左のページや付録の小冊子、教科書や辞書などから探してみよう！

練習ができたら、次は誰かに伝えてみよう！

**ぴったりクイズの答え**　motorcycle[**モ**ウタァサイクル]、motorbike[**モ**ウタァバイク]と言うよ。bikeとも言うけど、自転車と区別してmotorをつけることが多いよ。

# Unit 1
# 自分のことを伝えよう③～⑤

答え 3ページ

## 1 音声の内容に合う絵を、下の㋐～㋒から選び、(　　)に記号を書きましょう。

トラック27

技能　1問10点(20点)

㋐

㋑

㋒

(1) (　　　　)　(2) (　　　　)

## 2 音声を聞いて、内容に合う絵を線で結びましょう。

トラック28

1問10点(30点)

(1)

Emi

(2)

Ryo

(3)

Mary

ふりかえり　❷が分からないときは、16ページにもどって確認してみよう。

学習日　　月　　日

## 3 日本文に合う英語の文になるように、[　]の中から語を選び、[　]に書き、文全体をなぞりましょう。文の最初の文字は大文字で書きましょう。

1つ6点(30点)

(1) こちらはモモカです。

[　　] is Momoka.

(2) 彼女(かのじょ)は活発です。

[　　] is [　　].

(3) わたしはバナナがほしいです。

I [　　] [　　].

want　she　bananas　this　active

## 4 絵の内容に合うように、男の子をしょうかいしましょう。[　]の中から正しい英文を選んで(1)と(2)に書きましょう。

思考・判断・表現　1問10点(20点)

(1)

(2)

Ken

This is Ken.　This is Eri.

He is strong.　She is strong.

ぴったり1 準備

3分でまとめ

# Unit 2 好きなものについて話そう①

学習日 月 日

めあて
出身地や好きなことを伝えることができるようになろう。

## 出身地や好きなことの伝え方

ききトリ 音声を聞き、声に出してみましょう。 トラック29～30

アイム フラム フランス
**I'm from France.**
わたしはフランス出身です。

アイ ライク ドゥローイング
**I like drawing.**
わたしは絵をかくことが好きです。

せつめい つたえる 1つ目の文は〈I'm from ～(国名).〉で、「わたしは～出身です。」という意味です。2つ目の文はI like ～ing.で、「わたしは～することが好きです。」と、自分の好きなことを伝える表現です。

ききトリ 音声を聞き、英語の言葉を言いかえて、文を読んでみましょう。 トラック31～34

I'm from **France** .

いいかえよう 国を表す英語

□Japan（日本）

□Germany（ドイツ）

□Brazil（ブラジル）

□China（中国）

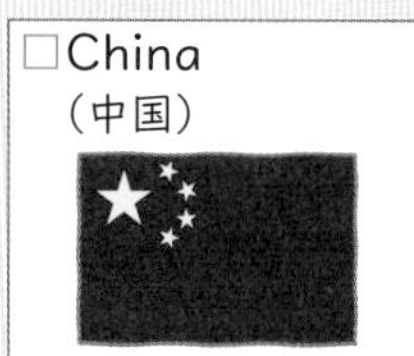

□the USA（アメリカ）

□the UK（イギリス）

□Australia（オーストラリア）

ワンポイント
fromのあとには、国名のほかに都道府県などが入るよ。

I like **drawing** .

いいかえよう 好きなことを表す英語

□swimming（泳ぐこと）
□running（走ること）
□singing（歌うこと）
□dancing（おどること）
□skiing（スキーをすること）
□cooking（料理すること）
□speaking English（英語を話すこと）
□playing soccer（サッカーをすること）
□playing the piano（ピアノをひくこと）
□skating（スケートをすること）

これを知ったらワンダフル！
I like ～.をWe like ～.とすると「わたしたちは～することが好きです。」となるよ。weは自分を含(ふく)めた2人以上の人を表すよ。

小冊子のp.4～5で、もっと言葉や表現を学ぼう！

学習日　月　日

**ぴったりクイズ** 答えはこのページの下にあるよ！

イギリスのthe UKはthe United Kingdom(of Great Britain and Northern Ireland)が正式名。ではアメリカ合衆国のthe USAの正式名は？

## かきトリ 英語をなぞり、声に出してみましょう。

できたらチェック！ 書く 話す

□ブラジル Brazil

□日本 Japan

□フランス France

□中国 China

□イギリス the UK

□オーストラリア Australia

□アメリカ the USA

□おどること dancing

□スキーをすること skiing

□歌うこと singing

□スケートをすること skating

□英語を話すこと speaking English

□ わたしはフランス出身です。 I'm from France.

□わたしは絵をかくことが好きです。 I like drawing.

▶読み方が分からないときは、左ページにもどって音声を聞いてみましょう。

## やりトリ 自分の出身地と好きなことを書いて、声に出してみましょう。

できたらチェック！ 書く 話す

I'm from ＿＿＿＿＿＿.

I like ＿＿＿＿＿＿.

**つたえるコツ**

出身地や好きなことを伝えることは、相手に自分のことを知ってもらうチャンス。
日本語でもそうだけど、心をこめて、明るく元気にはっきりと言うようにしよう。

▶あてはめる英語は、左のページや付録の小冊子、教科書や辞書などから探してみよう！

練習ができたら、次は誰かに伝えてみよう！

**ぴったりクイズの答え** the USAはthe United States of Americaが正式名だよ。

# Unit 2
## 好きなものについて話そう①

答え 4ページ

**1** 音声の内容に合う絵を、下の㋐～㋒から選び、(　　)に記号を書きましょう。 トラック35

技能 1問10点(20点)

㋐

㋑

㋒

(1) (　　　　)　(2) (　　　　)

**2** 音声を聞いて、内容に合う絵を線で結びましょう。 トラック36

1問完答10点(30点)

(1)

Neel

(2)

Yuki

(3)

Kevin

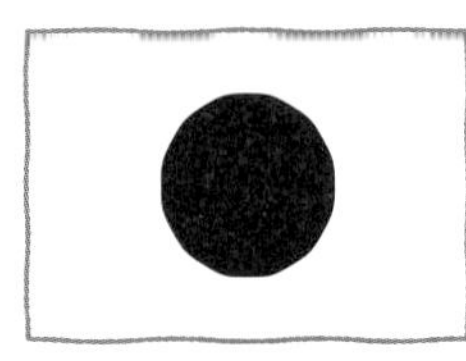

Japan

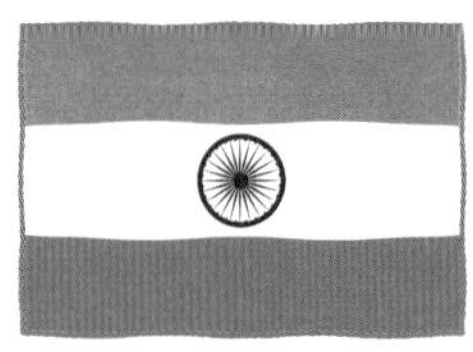

India

the USA

ふりかえり ❷が分からないときは、22ページにもどって確認(かくにん)してみよう。

**3** 日本文に合う英語の文になるように、[　]の中から語を選び、[　]に書き、文全体をなぞりましょう。２回使う語もあります。

1つ6点(30点)

(1) わたしはイタリア出身です。

I'm [　　] Italy.

(2) わたしは泳ぐことが好きです。

I [　　] [　　].

(3) わたしはおどることが好きです。

I [　　] [　　].

swimming　　from　　dancing　　like

**4** 男の子が自己しょうかいをします。絵の内容に合うように、[　]の中から正しい英語を選んで(1)と(2)に書き、文全体をなぞりましょう。

思考・判断・表現　1問10点(20点)

My name is Bob.

(1) I'm from 　　　.

(2) I like 　　　.

the UK　　skiing

the USA　　singing

# Unit 2 好きなものについて話そう②

学習日　　月　　日

めあて
好きなものについてたずねたり、答えたりできるようになろう。

## 好きなものについてのたずね方／答え方①

音声を聞き、声に出してみましょう。　トラック37〜38

(フ)ワッツ　ユア　フェイヴ(ァ)リット　スポート
**What's your favorite sport?**
あなたの好きなスポーツは何ですか。

マイ　フェイヴ(ァ)リット　スポート　イズ　ベイスボール
**My favorite sport is baseball.**
わたしの好きなスポーツは野球です。

せつめい
たずねる　What's your favorite 〜?で、「あなたの好きな〜は何ですか。」とたずねることができます。What'sはWhat isを短くした形です。
こたえる　My favorite 〜 is ... .で、「わたしの好きな〜は…です。」と答えます。スポーツについてたずねられているので、「〜」にはsport、「...」にはスポーツ名が入ります。

ききトリ　音声を聞き、英語の言葉を言いかえて、文を読んでみましょう。　トラック39〜42

What's your favorite sport?（あなたの好きなスポーツは何ですか。）とたずねられたとき

**My favorite sport is baseball .**

いいかえよう　sport（スポーツ）を表す英語

□soccer（サッカー）
□tennis（テニス）

□basketball（バスケットボール）

□table tennis（卓球）
□softball（ソフトボール）
□rugby（ラグビー）
□volleyball（バレーボール）
□badminton（バドミントン）
□swimming（水泳）

ワンポイント
たずねられた「好きなスポーツ」をisの後ろに入れるよ。

What's your favorite subject?（あなたの好きな教科は何ですか。）とたずねられたとき

**My favorite subject is math .**

いいかえよう　subject（教科）を表す英語

□science（理科）

□English（英語）

□Japanese（国語）

□social studies（社会）
□arts and crafts（図工）
□P.E.（体育）
□home economics（家庭科）
□music（音楽）
□calligraphy（書写）

これを知ったらワンダフル！
「算数はわたしの好きな教科です。」と言うときは、mathを主語にして、Math is my favorite subject. と言うよ。

ぴったり2
# 練習

学習日　　月　　日

**?ぴったりクイズ** 答えはこのページの下にあるよ！

soccer(サッカー)は英語で別の言い方があるよ、何と言うか分かるかな？

## かきトリ 英語をなぞり、声に出してみましょう。

できたらチェック！ 書く 話す

□テニス tennis

□サッカー soccer

□ラグビー rugby

□バスケットボール basketball

□算数 math

□英語 English

□卓球 table tennis

□国語 Japanese

□体育 P.E.

□水泳 swimming

□理科 science

□音楽 music

□あなたの好きなスポーツは何ですか。

What's your favorite sport?

□わたしの好きなスポーツは野球です。

My favorite sport is baseball.

▶読み方が分からないときは、左ページにもどって音声を聞いてみましょう。

## やりトリ きみならどう答える？　英語を書いて、声に出してみよう。

できたらチェック！ 書く 話す

**つたえるコツ**

質問に答えるときは、isの後ろに書く自分の好きなものを強く言おう。

What's your favorite sport?

My favorite ＿＿＿＿ is ＿＿＿＿.

▶あてはめる英語は、左のページや付録の小冊子、教科書や辞書などから探してみよう！

答える練習ができたら、次は誰かに質問してみよう！

**ぴったりクイズの答え**

サッカーはアメリカでsoccer、イギリスやオーストラリアではfootballと言うよ。
ちなみにラグビー(rugby)の正式名はラグビーフットボールと言うんだよ。

# Unit 2 好きなものについて話そう③

学習日　　月　　日

めあて
好きなものについてたずねたり、答えたりできるようになろう。

## 好きなものについてのたずね方／答え方②

音声を聞き、英語の言葉を言いかえて、文を読んでみましょう。　トラック43〜48

What's your favorite animal?（あなたの好きな動物は何ですか。）とたずねられたとき

My favorite animal is **a rabbit**.

いいかえよう　animal（動物）を表す英語

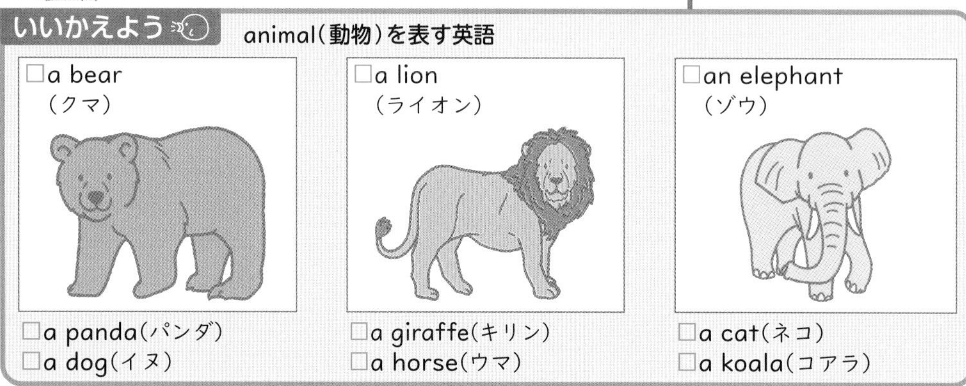


これを知ったらワンダフル！
ア・イ・ウ・エ・オの音で始まる語を、1匹・1頭と表すときは、aでなくanを使うよ。

What's your favorite color?（あなたの好きな色は何ですか。）とたずねられたとき

My favorite color is **blue**.

いいかえよう　color（色）を表す英語

□red（赤色）　□green（緑色）　□yellow（黄色）
□white（白色）　□black（黒色）　□pink（ピンク色）
□brown（茶色）　□orange（オレンジ色）　□purple（むらさき色）

ワンポイント
ほかにlight blue（水色）、light green（黄緑色）、deep blue（紺色）なども使ってみよう。

What's your favorite food?（あなたの好きな食べ物は何ですか。）とたずねられたとき

My favorite food is **curry and rice**.

いいかえよう　food（食べ物）を表す英語

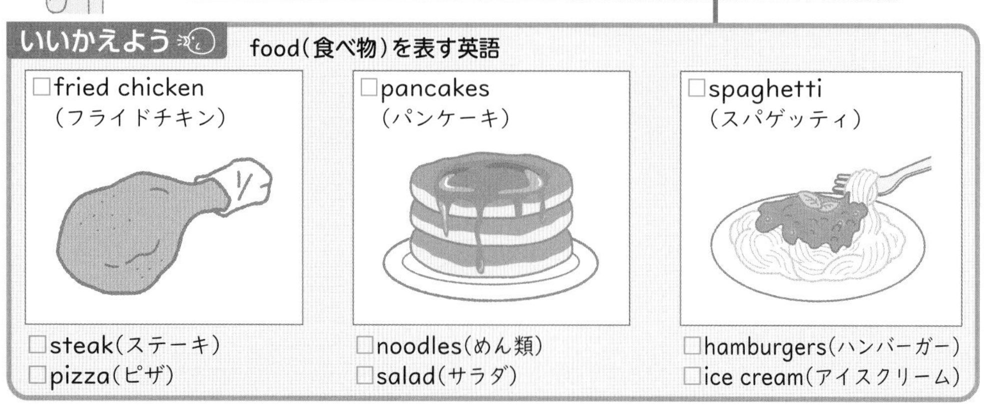


これを知ったらワンダフル！
a pizzaだと「1枚のピザ」だよ。「1切れのピザ」はa slice of pizzaと言うんだよ。

ぴったり2

# 練習

学習日　　月　　日

ぴったりクイズ　答えはこのページの下にあるよ！

「ハンバーガー」は英語でhamburger［ハンバーガァ］と言うけど、「ハンバーグ」は何と言うか分かるかな？

## かきトリ　英語をなぞり、声に出してみましょう。

できたらチェック！　書く　話す

□スパゲッティ　spaghetti

□コアラ　a koala

□緑色　green

□サラダ　salad

□赤色　red

□フライドチキン　fried chicken

□キリン　a giraffe

□白色　white

□ステーキ　steak

□ウマ　a horse

□黄色　yellow

□ピザ　pizza

□あなたの好きな色は何ですか。

What's your favorite color?

□わたしの好きな色は青色です。

My favorite color is blue.

▶読み方が分からないときは、左ページにもどって音声を聞いてみましょう。

## やりトリ　きみならどう答える？　英語を書いて、声に出してみよう。

できたらチェック！　書く　話す

What's your favorite food?

My favorite ＿＿＿＿ is ＿＿＿＿＿＿＿＿.

つたえるコツ

質問に答えるときは、isのあとに書く自分の好きなものを強く言おう。

▶あてはめる英語は、左のページや付録の小冊子、教科書や辞書などから探してみよう！

答える練習ができたら、次は誰かに質問してみよう！

ぴったりクイズの答え　ハンバーグは、hamburger steak［ハンバーガァ　ステイク］と言うよ。

# Unit 2 好きなものについて話そう ②〜③

答え 5ページ

## 1 音声の内容に合う絵を、下の㋐〜㋒から選び、(　　)に記号を書きましょう。

トラック49

技能　1問10点(20点)

㋐ 

㋑ 

㋒ 

(1) (　　　　)　(2) (　　　　)

## 2 音声を聞いて、内容に合う絵を線で結びましょう。

トラック50

1問10点(30点)

(1) 
Emi

(2) 
Ken

(3) 
Mary

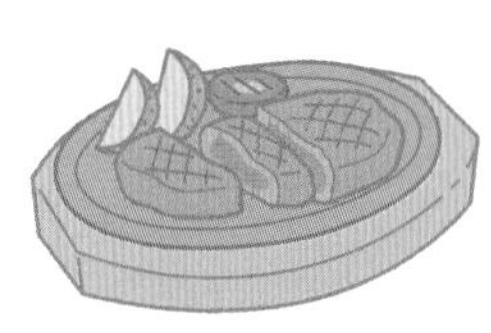

ふりかえり ❷が分からないときは、26、28ページにもどって確認(かくにん)してみよう。

## 3 日本文に合う英語の文になるように、[　]の中から語を選び、[　]に書き、文全体をなぞりましょう。２回使う語もあります。文の最初の文字は大文字で書きましょう。

1つ6点(30点)

(1) わたしの好きな食べ物はサラダです。

My favorite [　　] is salad.

(2) あなたの好きな教科は何ですか。

[　　] your [　　] subject?

(3) 〈(2)に答えて〉わたしの好きな教科は音楽です。

My [　　] subject is [　　].

music　favorite　what's　food

## 4 男の子が自己しょうかいをします。絵の内容に合うように、[　]の中から正しい英語を選んで(1)と(2)に書き、文全体をなぞりましょう。

思考・判断・表現　1問10点(20点)

My name is Koji.

(1) I like ＿＿＿＿.

(2) My favorite color is ＿＿＿＿.

cooking　drawing　yellow　green

ぴったり1 準備 3分でまとめ

# Unit 3 日本について話そう①

学習日 月 日

めあて 日本の食べ物や行事についてたずねたり、答えたりできるようになろう。

## 好きなもののたずね方／答え方

ききトリ 音声を聞き、声に出してみましょう。 トラック51～52

ドゥ ユー ライク スモウ
**Do you like *sumo*?**
あなたはすもうは好きですか。

イエス アイ ドゥー
**Yes, I do.**
はい、好きです。

せつめい

たずねる Do you like ～? で、「あなたは～は好きですか。」とたずねることができます。ここでの「～」には、うどん(*udon*)や花見(*hanami*)など、好きかどうかをたずねたいものの言葉が入ります。

こたえる Do you like ～? の文には Yes, I do. で「はい、好きです。」や、No, I don't. で「いいえ、好きではありません。」と答えます。

ききトリ 音声を聞き、英語の言葉を言いかえて、文を読んでみましょう。 トラック53～56

**Do you like *sumo* ?**

いいかえよう 日本で見られるものを表す英語①

| □*udon*(うどん) | □*karuta*(かるた) | □*hanami*(花見) |
|---|---|---|
|  |  |  |
| □*soba*(そば)<br>□*sukiyaki*(すきやき)<br>□*oden*(おでん)<br>□*tempura*(てんぷら) | □*shogi*(しょうぎ)<br>□*kendo*(剣道)<br>□*takoage*(たこあげ)<br>□*origami*(おり紙) | □*tsukimi*(月見)<br>□*bon-odori*(ぼんおどり)<br>□*hinamatsuri*(ひな祭り)<br>□*tanabata*(七夕) |

「はい」と答えるとき

**Yes, I do.**

「いいえ」と答えるとき

**No, I don't.**

ワンポイント

日本にしかないものはそれに合う英単語がないから、教科書などではななめにしたローマ字で表しているよ。

これを知ったらワンダフル!

No, I don't.と答えるときは、I like ～.を続けると、会話がつながるよ。
(例)
Do you like *udon*?
No, I don't. I like *soba*.

ぴったり2
# 練習

学習日　月　日

ぴったりクイズ　答えはこのページの下にあるよ！

英語では、"*bon-odori*(ぼんおどり)"を別の言い方で表すこともあるよ。何と言うか分かるかな？

## かきトリ　英語をなぞり、声に出してみましょう。

できたらチェック！　書く　話す

□うどん
udon

□しょうぎ
shogi

□花見
hanami

□すきやき
sukiyaki

□剣道
kendo

□七夕
tanabata

□おり紙
origami

ヒント

日本独特のものを表すときはローマ字で表すけれど、書くときはななめにしないでまっすぐ書けば大丈夫だよ。

□月見
tsukimi

□てんぷら
tempura

□あなたはすもうは好きですか。
Do you like sumo?

□はい、好きです。
Yes, I do.

□いいえ、好きではありません。
No, I don't.

▶読み方が分からないときは、左ページにもどって音声を聞いてみましょう。

## やりトリ　自分の答えを書いて、声に出してみましょう。

できたらチェック！　書く　話す

Do you like *sumo*?

▶あてはめる英語は、左のページや付録の小冊子、教科書や辞書などから探してみよう！

つたえるコツ

Do you ～?で始まる文は、最後を上げ調子で言おう！

答える練習ができたら、次は誰かに質問してみよう！

ぴったりクイズの答え　「おどり」は英語でdance。だから「ぼんおどり」のことを*bon*-danceと言うこともできるよ。

ぴったり1 準備

# Unit 3 日本について話そう②

学習日　月　日

◎めあて 近くや遠くにあるものが何かをたずねたり、答えたりできるようになろう。

## 近くや遠くにあるものが何かのたずね方／答え方

ききトリ 音声を聞き、声に出してみましょう。　トラック57〜58

(フ)ワット　イズ　ズィス
**What is this?**
これは何ですか。

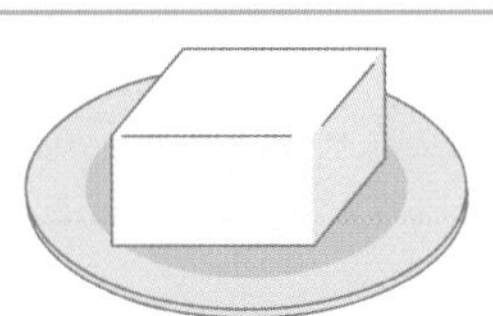

イット イズ　トウフ
**It is *tofu*.**
それはとうふです。

せつめい

たずねる　What is this? で、「これは何ですか。」と近くのものが何かをたずねることができます。what isは短くしてwhat'sと表すこともできます。

こたえる　What is ~? の文にはIt is ~. で「それは~です。」と答えます。it isは短くしてit'sと表すこともできます。

ききトリ 音声を聞き、英語の言葉を言いかえて、文を読んでみましょう。　トラック59〜60

What is this?

It is *tofu* .

いいかえよう　日本で見られるものを表す英語②

□*sushi*(すし)

□Nebuta Festival(ねぶた祭り)

□Mt. Fuji(富士山)

□Japanese tea(日本茶)

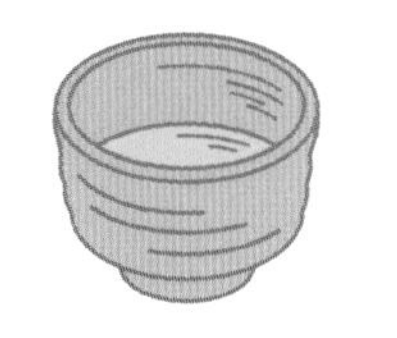

□a *kimono*(着物)

□Osaka Castle(大阪城)

□*ehomaki*(えほうまき)
□*ramen*(ラーメン)
□a rice cake(もち)

□*karate*(空手)
□a *furoshiki*(ふろしき)
□*fukuwarai*(福笑い)

□Tokyo Tower(東京タワー)
□*hanetsuki*(はねつき)
□Ise Shrine(伊勢神宮)

**ワンポイント**

人の名前や世の中に1つしかないものの名前は大文字で書き始めよう。
また、1つ2つと数えられるものは「1つの」という意味を表すaやanをつけるよ。でも料理や遊びの名前は数えられないからaもanもつかないんだ。

**これを知ったらワンダフル!**

thatを使ってWhat is that?とすることで、遠くのものをさして「あれは何ですか。」とたずねることができるよ。答えるときはthisのときと同じで、itを使って答えよう。

学習日　　月　　日

**ぴったりクイズ**　答えはこのページの下にあるよ！

日本で生まれた言葉「カラオケ」を英語で何と言うか分かるかな？

**かきトリ**　英語をなぞり、声に出してみましょう。　できたらチェック！　書く　話す

□富士山
Mt. Fuji

□東京タワー
Tokyo Tower

□伊勢神宮
Ise Shrine

□大阪城
Osaka Castle

□もち
a rice cake

□日本茶
Japanese tea

□着物
a kimono

□ねぶた祭り
Nebuta Festival

□これは何ですか。
What is this?

□それはとうふです。
It is tofu.

**ヒント**
外国の人たちにとってのお茶 tea は「紅茶」。だから日本茶は Japanese tea と言うんだよ。

▶読み方が分からないときは、左ページにもどって音声を聞いてみましょう。

身の回りにあるもので答えを書いて、声に出してみましょう。　できたらチェック！　書く　話す

What is this?

It is ＿＿＿＿＿＿＿＿.

**つたえるコツ**
答えるときは、一番伝えたい語を強く言うようにすると、相手にはっきりと伝えることができるよ。

▶あてはめる英語は、左のページや付録の小冊子、教科書や辞書などから探してみよう！

答える練習ができたら、次は誰かに質問してみよう！

**ぴったりクイズの答え**　karaokeと書いて[カラオキ]や[カラオウケイ]と発音するよ。「カラオケ」という言葉は日本生まれだけれど、今では英語として使われている語の１つだよ。

# Unit 3
# 日本について話そう①～②

答え 6ページ

## 1 音声の内容に合う絵を、下の㋐～㋒から選び、(　　)に記号を書きましょう。

トラック61

技能 1問10点(20点)

㋐ 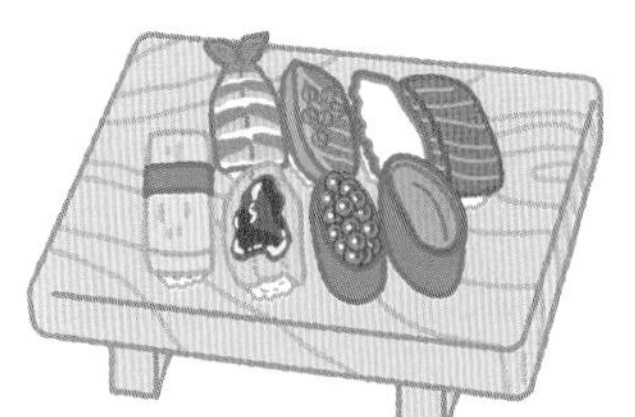

㋑

㋒ 

(1) (　　　　) (2) (　　　　)

## 2 音声を聞いて、内容に合う絵を線で結びましょう。

トラック62

1問10点(30点)

(1) 

Andy

(2) 

Nick

(3) 

Beth

ふりかえり ❷が分からないときは、32ページにもどって確認してみよう。

学習日　　月　　日

## 3

日本文に合う英語の文になるように、[　]の中から語を選び、[　]に書き、文全体をなぞりましょう。２回使う語もあります。文の最初の文字は大文字で書きましょう。

1つ6点(30点)

(1) あなたはかるたは好きですか。

[　] you like karuta?

(2) これは何ですか。

What [　] [　]?

(3) 〈(2)に答えて〉それはすしです。

[　] [　] sushi.

this　　do　　is　　it

## 4

エイミーが質問をされて答えています。絵の内容に合うように、[　]の中から正しい英文を選んで、(1)と(2)に書きましょう。

思考・判断・表現　1問10点(20点)

Amy

Do you like *soba*, Amy?

(1)

Do you like *udon*, Amy?

(2)

Yes, I do.　　No, I don't.

ぴったり1 準備

# Unit 3 日本について話そう③

学習日　　月　　日

めあて
日本のものについてたずねたり、答えたりできるようになろう。

## 好きなもののたずね方／答え方

**ききトリ** 音声を聞き、声に出してみましょう。　トラック63～64

What do you like about Japan?（(フ)ワット　ドゥ　ユー　ライク　アバウト　ジャパン）
あなたは日本の何が好きですか。

I like *ninja*.（アイ　ライク　ニンジャ）
わたしは忍者が好きです。

**せつめい**
**たずねる** What do you like about ～? で、「あなたは～の(について)何が好きですか。」とたずねることができます。
**こたえる** What do you like about ～? の文にはI like ～.「わたしは～が好きです。」と答えます。

**ききトリ** 音声を聞き、英語の言葉を言いかえて、文を読んでみましょう。　トラック65～66

What do you like about Japan?

I like *ninja* .

**いいかえよう** 日本で見られるものを表す英語③

□*samurai*（さむらい）

□computer games（コンピューターゲーム）

□*kabuki*（かぶき）

□*taiyaki*（たい焼き）

□fireworks（花火）

□hot springs（温泉）

□*tonkatsu*（とんかつ）
□*ikebana*（いけばな）
□*sashimi*（さしみ）
□beef bowls（牛丼）
□*bento*（べんとう）
□curry and rice（カレーライス）
□*sumo*（すもう）
□*mochitsuki*（もちつき）
□*kimono*（着物）

**ワンポイント**
whatは「何？」という意味の語だから、答えるときにはyesやnoではなく、具体的なことやものを答えるんだよ。

**これを知ったらワンダフル！**
1つ2つと数えられるもので「～が好き」と言うとき、英単語は最後にsをつけるよ。

ぴったり2

# 練習

学習日　　月　　日

**ぴったりクイズ** 答えはこのページの下にあるよ！

「ラーメン」は英語で何と言うか分かるかな？

**かきトリ** 英語をなぞり、声に出してみましょう。　できたらチェック！ 書く 話す

□日本
Japan

□さむらい
samurai

□べんとう
bento

□牛丼
beef bowls

□カレーライス
curry and rice

□コンピューターゲーム
computer games

□花火
fireworks

□温泉
hot springs

□あなたは日本の何が好きですか。
What do you like about Japan?

□わたしは忍者が好きです。
I like ninja.

▶読み方が分からないときは、左ページにもどって音声を聞いてみましょう。

**やりトリ** 自分の好きな日本のものを書いて、声に出してみましょう。　できたらチェック！ 書く 話す

What do you like about Japan?

I like ＿＿＿＿＿＿.

**つたえるコツ**

whatでたずねられているので、具体的なことやものの名前を答えよう。声に出すときは、その部分を強く言うようにするよ。

▶あてはめる英語は、左のページや付録の小冊子、教科書や辞書などから探してみよう！

答える練習ができたら、次は誰かに質問してみよう！

**ぴったりクイズの答え** *ramen*だよ。読み方は日本語と同じだよ。ほかにも日本の代表的なうどん(*udon*)やそば(*soba*)も日本語がそのまま英語になっているよ。

ぴったり1 準備

# Unit 3 日本について話そう④

学習日　　月　　日

めあて
日本の行事や祝祭日が、いつあるかを伝えることができるようになろう。

## 日本の行事の伝え方

ききトリ 音声を聞き、声に出してみましょう。　トラック67～68

ウィー　ハヴ　ザ　スター　フェスティヴァル　イン　デュライ
**We have the Star Festival in July.**
7月には七夕祭りがあります。

せつめい　つたえる　We have ～. で「～があります。」と定期的に行われている行事を伝えることができます。「～」には、行事や祝祭日などが入ります。ここでのweは「わたしたち日本人」をさし、inは「～に」という意味で、月を表す言葉があとに続きます。

ききトリ 音声を聞き、英語の言葉を言いかえて、文を読んでみましょう。　トラック69～70

**We have the Star Festival in July.**

いいかえよう　日本の行事を表す英語

| | | |
|---|---|---|
| □New Year's Day(元日)<br>□January(1月)<br> | □an entrance ceremony(入学式)<br>□April(4月)<br> | □Jugoya(十五夜)<br>□September(9月)<br> |
| □Setsubun(節分)<br>□February(2月)<br> | □Children's Day(こどもの日)<br>□May(5月)<br> | □Shichigosan(七五三)<br>□November(11月)<br> |
| □the Doll Festival(ひな祭り)<br>□March(3月)<br> | □summer festivals(夏まつり)<br>□August(8月) | □New Year's Eve(おおみそか)<br>□December(12月)<br> |

ワンポイント
日本には10月のハロウィンHalloweenや12月のクリスマスChristmasなど、外国文化から入ってきた行事もたくさんあるよ。

これを知ったらワンダフル!
十五夜は9月の行事となることがほとんどだけど，10月の行事となることもあるよ。今年の十五夜は何月に行われるか，確認(かくにん)してみよう。

小冊子のp.18～19で、もっと言葉や表現を学ぼう！

ぴったり2

# 練習

学習日　　月　　日

?ぴったりクイズ　答えはこのページの下にあるよ！

イタリア語のfesta(フェスタ)、スペイン語のfiesta(フィエスタ)と同じ意味を表す英単語は何か分かるかな？

## かきトリ　英語をなぞり、声に出してみましょう。

できたらチェック！　書く　話す

□1月
January

□ひな祭り
the Doll Festival

□節分
Setsubun

□入学式
an entrance ceremony

□十五夜
Jugoya

ヒント
New Year's の「'」をわすれずに書こう。

□元日
New Year's Day

□おおみそか
New Year's Eve

□こどもの日
Children's Day

□七五三
Shichigosan

□7月には七夕祭りがあります。
We have the Star Festival in July.

▶読み方が分からないときは、左ページにもどって音声を聞いてみましょう。

## やりトリ　好きな行事とその月名を書いて、声に出してみましょう。

できたらチェック！　書く　話す

We have ＿＿＿＿＿＿

in ＿＿＿＿＿＿.

つたえるコツ
行事と月の名前を強く言うと相手に伝わりやすくなるよ。

▶あてはめる英語は、左のページや付録の小冊子、教科書や辞書などから探してみよう！

練習ができたら、次は誰かに伝えてみよう！

ぴったりクイズの答え
festival。ラテン語のfestivus(「ゆかいなひととき」という意味の語)から生まれた言葉だよ。ラテン語はイタリア語やスペイン語の先祖で、英単語にも多く使われているんだ。

# Unit 3
# 日本について話そう③～④

答え 7ページ

## 1 音声の内容に合う絵を、下の㋐～㋒から選び、(　　)に記号を書きましょう。

トラック71

技能 1問10点(20点)

㋐

㋑

㋒

(1) (　　　　)　(2) (　　　　)

## 2 音声を聞いて、内容に合う絵を線で結びましょう。

トラック72

1問10点(30点)

(1)

Kate

(2)

John

(3)

Mary

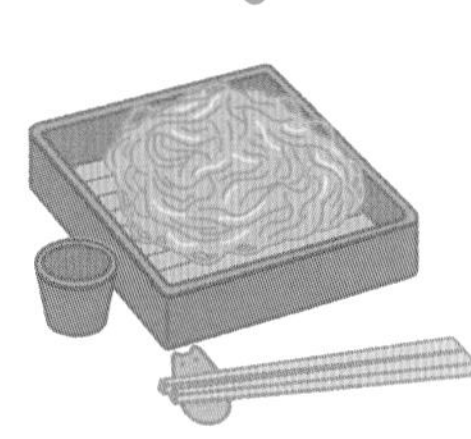

ふりかえり ❷が分からないときは、38ページにもどって確認(かくにん)してみよう。

## 3 日本文に合う英語の文になるように、[　　]の中から語を選び、[　　]に書き、文全体をなぞりましょう。

1つ8点(32点)

(1) 2月には節分があります。

We [　　] Setsubun [　　] February.

(2) あなたは日本の何が好きですか。

What do you like [　　] Japan?

(3) 〈(2)に答えて〉わたしは花火が好きです。

I [　　] fireworks.

like　have　in　about

## 4 ユキとジェフが日本について話しています。絵の内容に合うように、[　　]の中から正しい英文を選んで、(1)と(2)に書きましょう。

思考・判断・表現　1問9点(18点)

Yuki: We have Jugoya in September or October. Do you like *tsukimi*, Jeff?

Jeff: (1) ______________________

Yuki: What do you like about Japan?

Jeff: (2) ______________________

Yes, I do.　No, I don't.　I like *tsukimi*.　I like *hanami*.

ぴったり1 準備 3分でまとめ

# Unit 4 町・地域(ちいき)について話そう①

学習日 月 日

めあて 好きな場所をたずねたり、答えたりできるようになろう。

## 好きな場所のたずね方／答え方

ききトリ 音声を聞き、声に出してみましょう。 トラック73~74

(フ)ワッツ ユア フェイヴ(ァ)リット プレイス
**What's your favorite place?**
あなたの好きな場所は何ですか。

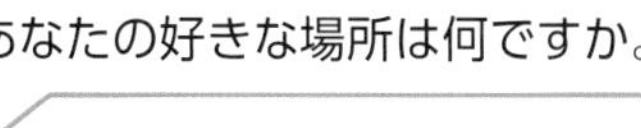

マイ フェイヴ(ァ)リット プレイス イズ ザ ライブレリィ
**My favorite place is the library.**
わたしの好きな場所は図書館です。

せつめい

たずねる What's your favorite place? で「あなたの好きな場所は何ですか。」とたずねることができます。

こたえる What's your favorite place? の文には My favorite place is ~.「わたしの好きな場所は~です。」と答えます。ここでの「~」には施設(しせつ)や店、自然を表す言葉が入ります。

ききトリ 音声を聞き、英語の言葉を言いかえて、文を読んでみましょう。 トラック75~76

**What's your favorite place?**

**My favorite place is the library.**

いいかえよう 施設、店、自然などを表す英語①

□the school(学校)

□the castle(城)

□the river(川)

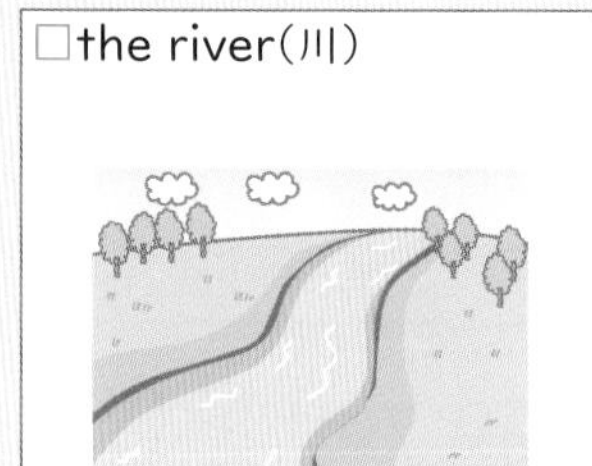

□the department store (デパート)

□the movie theater (映画館)

□the swimming pool (プール)

□the zoo(動物園)　□the flower shop(花屋)　□the music hall(音楽堂)

ワンポイント
storeもshopも店という意味だよ。ものを売るだけの店にはstoreを、ものを作ったり、加工したりして売る店にはshopを使うよ。

これを知ったらワンダフル!
castleのtは発音しないんだ。英単語の文字の中には発音しないものがあるんだよ。

ぴったり2
# 練習

学習日　月　日

?ぴったりクイズ　答えはこのページの下にあるよ！

department storeは「デパート」、convenience storeは「コンビニエンスストア」。ではbookstoreはどういう意味かな？

かきトリ　英語をなぞり、声に出してみましょう。　できたらチェック！　書く　話す

□城
the castle

□図書館
the library

□川
the river

□動物園
the zoo

□デパート
the department store

□学校
the school

□プール
the swimming pool

□音楽堂
the music hall

□花屋
the flower shop

□あなたの好きな場所は何ですか。
What's your favorite place?

□わたしの好きな場所は図書館です。
My favorite place is the library.

▶読み方が分からないときは、左ページにもどって音声を聞いてみましょう。

やりトリ　自分の好きな場所を書いて、声に出してみましょう。　できたらチェック！　書く　話す

What's your favorite place?

My favorite place is ＿＿＿＿.

▶あてはめる英語は、左のページや付録の小冊子、教科書や辞書から探してみよう！

つたえるコツ
質問文はfavorite placeを、応答文はisのあとの自分の好きな場所を強く言おう。

答える練習ができたら、次は誰かに質問してみよう！

ぴったりクイズの答え
「本屋」だよ。本屋のことをアメリカではbookstore，イギリスではbookshopと言うよ。英語を母国語に使っている国でも、国によって呼び方が変わることがあるんだ。

ぴったり1 準備

# Unit 4 町・地域について話そう②

学習日　　月　　日

めあて 自分たちの町に何がほしいかをたずねたり、答えたりできるようになろう。

## 町にほしいもののたずね方／答え方

ききトリ 音声を聞き、声に出してみましょう。　トラック77～78

(フ)ワット　ドゥ　ユー　ワ(ー)ント　イン　アウア　タウン
**What do you want in our town?**
あなたはわたしたちの町に何がほしいですか。

アイ　ワ(ー)ント　ア　ミュ(ー)ズィ(ー)アム
**I want a museum.**
わたしは美術館がほしいです。

せつめい
たずねる　What do you want? で「あなたは何がほしいですか。」とたずねることができます。inは「～に」という意味で、場所を表現するときに使います。
こたえる　What do you want? の文には I want a[an] ～. で「わたしは～がほしいです。」と答えます。ここでの「～」には、施設(しせつ)や店、自然を表す言葉が入ります。

ききトリ 音声を聞き、英語の言葉を言いかえて、文を読んでみましょう。　トラック79～80

What do you want in our town?

I want **a museum**.

いいかえよう　施設、店、自然などを表す英語②

□a park（公園）

□a library（図書館）

□a beach（海辺）

□a restaurant（レストラン）

□a zoo（動物園）

□an amusement park（遊園地）

□a station（駅）　□a mountain（山）　□a stadium（球場）

**ワンポイント**
「わたしは～がほしいです。」と言うときには、ほしいものの前にaやanをつけよう。aやanは「1つの」という意味だよ。

**これを知ったらワンダフル！**
あとにくる単語がア、イ、ウ、エ、オの音で始まるときは、aではなく、anを使おう。

ぴったり2

# 練習

学習日　月　日

**ぴったりクイズ** 答えはこのページの下にあるよ！

電車の駅はstationだね。では、「バス停」は英語で何と言うか分かるかな？

**かきトリ** 英語をなぞり、声に出してみましょう。　できたらチェック！ 書く □ 話す □

□動物園
a zoo

□公園
a park

□海辺
a beach

□図書館
a library

□駅
a station

□球場
a stadium

□遊園地
an amusement park

□山
a mountain

□レストラン
a restaurant

□あなたはわたしたちの町に何がほしいですか。
What do you want in our town?

□わたしは美術館がほしいです。
I want a museum.

▶読み方が分からないときは、左ページにもどって音声を聞いてみましょう。

**やりトリ** 自分の町にほしいものを書いて、声に出してみましょう。　できたらチェック！ 書く □ 話す □

What do you want in our town?

I want ＿＿＿＿＿＿＿＿.

▶あてはめる英語は、左のページや付録の小冊子、教科書や辞書から探してみよう！

**つたえるコツ**
たずねるときはwantを、答えるときは施設などを強く読むようにすると伝わりやすくなるよ。

答える練習ができたら、次は誰かに質問してみよう！

**ぴったりクイズの答え** バス停はbus stopと言うよ。bus stopがいくつか集まった場所をbus station、路線の始発点や終着点のようにさらに大きな場所をbus terminal、またはbus depotと言うんだよ。

# Unit 4 町・地域（ちいき）について話そう ①～②

答え 8ページ

## 1 音声の内容に合う絵を、下の㋐～㋒から選び、（　　）に記号を書きましょう。

トラック81

技能 1問10点(20点)

㋐

㋑

㋒

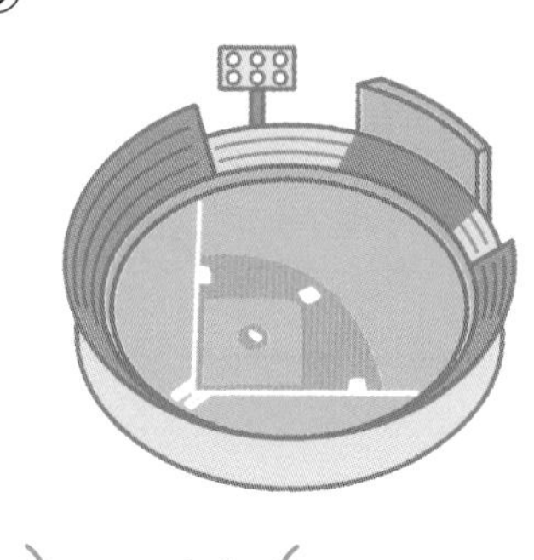

(1)（　　　　）　(2)（　　　　）

## 2 音声を聞いて、内容に合う絵を線で結びましょう。

トラック82

1問10点(30点)

(1)

Miki

(2)

David

(3)

Jane

ふりかえり ❷が分からないときは、44、46ページにもどって確認（かくにん）してみよう。

学習日　　月　　日

## 3 日本文に合う英語の文になるように、［　］の中から語を選び、［　］に書き、文全体をなぞりましょう。

1問10点(30点)

⑴ わたしの好きな場所は城です。

My favorite place ＿＿ the castle.

⑵ あなたはわたしたちの町に何がほしいですか。

What ＿＿ you want in our town?

⑶ 〈⑵に答えて〉わたしは美術館がほしいです。

I ＿＿ a museum.

do　　want　　is

## 4 メイとリョウが自分たちの町について話しています。2人の対話が成り立つように、［　］の中から正しい英文を選んで、⑴と⑵に書きましょう。

思考・判断・表現　1問10点(20点)

May: What's your favorite place?

Ryo: ⑴ ＿＿＿＿＿＿＿＿

May: What do you want in our town?

Ryo: ⑵ ＿＿＿＿＿＿＿＿

I want a library.　　I want a movie theater.　　My favorite place is the library.

ぴったり1 準備

# Unit 4 町・地域(ちいき)について話そう③

学習日　　月　　日

めあて
自分の住む地域について伝えられるようになろう。

## 自分の地域にあるものの伝え方

ききトリ 音声を聞き、声に出してみましょう。　トラック83～84

ウィー　ハヴ　ア　ライブレリィ
**We have a library.**
(わたしたちには)図書館があります。

せつめい　つたえる　自分たちの住む地域にあるものを伝えるときは、We have ～.で表します。ふつうは「わたしたちは～を持っています。」という意味ですが、「～」に施設(しせつ)の名前が入ると、「(わたしたちには)～があります。」という意味になります。

ききトリ 音声を聞き、英語の言葉を言いかえて、文を読んでみましょう。　トラック85～86

**We have a library .**

いいかえよう　地域にあるものを表す英語

- □a park（公園）

- □an aquarium（水族館）

- □a shopping mall（ショッピングモール）

- □a zoo（動物園）
- □a stadium（球場）

- □a gym（体育館）

- □an amusement park（遊園地）

- □a swimming pool（プール）

- □a movie theater（映画館）
- □a castle（城）

**ワンポイント**
amusement parkやaquariumのように、最初の文字を「ア・イ・ウ・エ・オ」で発音する英語には、aではなく、anを前につけよう。

**これを知ったらワンダフル！**
「映画館」という意味のmovie theaterのtheaterは「演劇(えんげき)、劇場」という意味で、イギリスではtheatreというつづり方をするよ。

ぴったり2

# 練習

学習日　月　日

？ぴったりクイズ　答えはこのページの下にあるよ！

アメリカ英語では「映画館」をmovie theaterと表すけど、イギリス英語ではどのように表すか分かるかな？

## かきトリ　英語をなぞり、声に出してみましょう。

できたらチェック！　書く　話す

□球場
a stadium

□水族館
an aquarium

□体育館
a gym

□遊園地
an amusement park

□映画館
a movie theater

□ショッピングモール
a shopping mall

□プール
a swimming pool

□図書館
a library

□城
a castle

□動物園
a zoo

□公園
a park

□(わたしたちには)図書館があります。
We have a library.

▶読み方が分からないときは、左ページにもどって音声を聞いてみましょう。

## やりトリ　自分の地域にあるものを書いて、声に出してみましょう。

できたらチェック！　書く　話す

We have ＿＿＿＿＿＿＿＿.

**つたえるコツ**

施設の名前は2つの語が組み合わさって長くなるものが多いよ。いつもより少しだけ、単語と単語のすきまを短く言ってみよう。

▶あてはめる英語は、左のページや付録の小冊子、教科書や辞書などから探してみよう！

練習ができたら、次は誰かに伝えてみよう！

**ぴったりクイズの答え**　イギリス英語では映画館をcinema[**スィ**ネマ]と表すよ。日本語で「シアター」「シネマ」と書かれているときは、どちらも「映画館」を表すよ。

ぴったり1 準備

# Unit 4 町・地域(ちいき)について話そう④

学習日　月　日

めあて　自分たちの町にあるものや、そこでできることを伝えられるようになろう。

## 町にあるものとそこでできることの伝え方

ききトリ　音声を聞き、声に出してみましょう。　トラック87～88

**We have a big mountain in our town.**（ウィー ハヴ ア ビッグ マウントゥン イン アウア タウン）

わたしたちの町には大きな山があります。

**We can enjoy hiking there.**（ウィー キャン インヂョイ ハイキング ゼア）

わたしたちはそこでハイキングを楽しむことができます。

せつめい　つたえる　**We have a ～ in our town.** で「わたしたちの町には～があります。」と伝えることができます。ここでの「～」には、施設(しせつ)や店、自然を表す言葉が入ります。

**We can ～.** で「わたしたちは～することができます。」と伝えることができます。「～」には**play**(～をする)や**enjoy**(～を楽しむ)など、動作を表す言葉が入ります。

ききトリ　音声を聞き、英語の言葉を言いかえて、文を読んでみましょう。　トラック89～90

We have a big mountain in our town.

We can **enjoy hiking** there.

いいかえよう　動作を表す英語

□enjoy fishing（つりを楽しむ）

□enjoy camping（キャンプを楽しむ）

□listen to music（音楽を聞く）

□enjoy swimming（水泳を楽しむ）

□eat good food（おいしいものを食べる）

□see many animals（たくさんの動物を見る）

□enjoy shopping(買い物を楽しむ)　□read many books(たくさんの本を読む)

□play baseball(野球をする)　□visit beautiful places(美しい場所を訪(おとず)れる)

**ワンポイント**

bigは「大きな」という意味で、あとに続く言葉をくわしく説明しているよ。beautiful(美しい)やgood(おいしい)も説明する言葉の仲間だよ。

**これを知ったらワンダフル！**

shopping(買い物)やfishing(つり)という単語は、shop(買い物をする)やfish(魚をとる、つりをする)という、動作を表す語から生まれた単語だよ。

学習日　月　日

**ぴったりクイズ** 答えはこのページの下にあるよ！

swimming(水泳)のように、～ingで表されるスポーツ名はたくさんあるよ。どんなものがあるか分かるかな？

**かきトリ** 英語をなぞり、声に出してみましょう。　できたらチェック！　書く　話す

□大きな
big

□美しい
beautiful

□おいしい
good

□つりを楽しむ
enjoy fishing

□音楽を聞く
listen to music

□買い物を楽しむ
enjoy shopping

□おいしいものを食べる
eat good food

□キャンプを楽しむ
enjoy camping

□たくさんの本を読む
read many books

□わたしたちの町には大きな山があります。
We have a big mountain in our town.

□わたしたちはそこでハイキングを楽しむことができます。
We can enjoy hiking there.

▶読み方が分からないときは、左ページにもどって音声を聞いてみましょう。

**やりトリ** 町にあるものとそこでできることを書いて、声に出してみましょう。　できたらチェック！　書く　話す

We have ＿＿＿＿＿＿ in our town.

We can ＿＿＿＿＿＿ there.

**つたえるコツ**
canのあとに続く、動作を表す単語を強く読もう。

▶あてはめる英語は、左のページや付録の小冊子、教科書や辞書から探してみよう！

練習ができたら、次は誰かに伝えてみよう！

**ぴったりクイズの答え**　boxing(ボクシング)、curling(カーリング)、surfing(サーフィン)、wrestling(レスリング)、bowling(ボーリング)、fencing(フェンシング)などがあるよ。いくつ思いついたかな？

# Unit 4
# 町・地域(ちいき)について話そう
③〜④

答え 9ページ

## 1 音声の内容に合う絵を、下の㋐〜㋒から選び、(　　)に記号を書きましょう。

トラック91

技能 1問10点(20点)

㋐

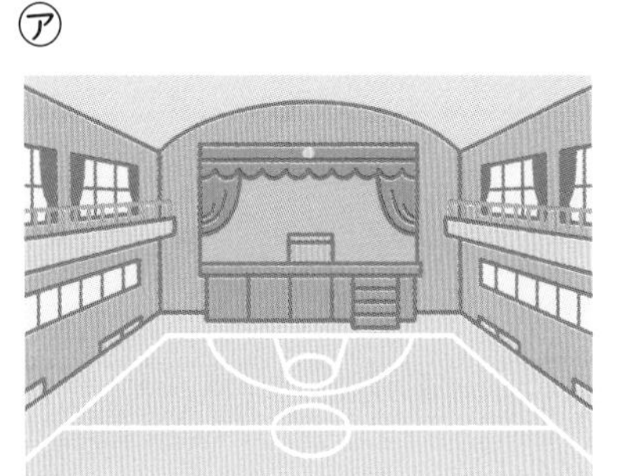

㋑

㋒

(1) (　　　　)　(2) (　　　　)

## 2 音声を聞いて、内容に合う絵を線で結びましょう。

1問完答10点(30点)

(1)

Nami

(2)

Kate

(3)

Shoko

ふりかえり ②が分からないときは、52ページにもどって確認(かくにん)してみよう。

## 3 日本文に合う英語の文になるように、［　　］の中から語を選び、［　　］に書き、文全体をなぞりましょう。

1問10点(30点)

(1) (わたしたちには)映画館があります。

We have a ＿＿＿＿ theater.

(2) わたしたちの町には大きな動物園があります。

We have a big ＿＿＿＿ in our town.

(3) わたしたちはそこでたくさんの動物を見ることができます。

We can see many ＿＿＿＿ there.

animals　　movie　　zoo

## 4 タクとアンが自分たちの町について話しています。2人の対話が成り立つように、［　　］の中から正しい英文を選んで、(1)と(2)に書きましょう。

思考・判断・表現　1問10点(20点)

We have a big park.

(1) ＿＿＿＿＿＿＿＿

Taku

We have a beautiful beach.

(2) ＿＿＿＿＿＿＿＿

Ann

We can enjoy shopping.　　We can enjoy swimming.

We can play soccer.

この本の終わりにある「夏のチャレンジテスト」をやってみよう！

ぴったり1 準備

3分でまとめ

# Unit 5 したことについて話そう①

学習日 　月　日

めあて 自分がしたことを伝えられるようになろう。

## したことの伝え方

ききトリ 音声を聞き、声に出してみましょう。 トラック93～94

アイ　プレイド　テニス　ア(ー)ン　サンデイ
**I played tennis on Sunday.**
わたしは日曜日にテニスをしました。

せつめい つたえる 「わたしは～しました。」は〈I＋したこと.〉で表します。**played**は「(スポーツなどを)した」という意味です。「(～を)する」は**play**です。

ききトリ 音声を聞き、英語の言葉を言いかえて、文を読んでみましょう。 トラック95～96

**I played tennis on Sunday.**

いいかえよう 動作(したこと)を表す英語①

□enjoyed swimming (水泳を楽しんだ)

□played the piano (ピアノをひいた)

□watched TV (テレビを見た)

□listened to music (音楽を聞いた)

□enjoyed the summer festival (夏祭りを楽しんだ)

□cleaned my room (自分の部屋をそうじした)

□visited Tokyo (東京を訪れた)

□studied math (算数を勉強した)

□enjoyed hiking (ハイキングを楽しんだ)

**ワンポイント**
「○曜日に」は、on Sunday(日曜日に)、on Saturday(土曜日に)のように、onをつけて表すよ。

**これを知ったらワンダフル!**
〈play＋ed〉、〈practice＋d〉のように、動作を表す語にedやdをつけることによって、「～しました」という意味になるものがあるんだよ。

▶ 小冊子のp.10～13で、もっと言葉や表現を学ぼう！

ぴったり2

# 練習

学習日　月　日

**?ぴったりクイズ** 答えはこのページの下にあるよ！

タブレットやスマートフォンで動画を見るよね。「動画を見ました」って英語で何て言うか分かるかな？

## かきトリ 英語をなぞり、声に出してみましょう。

できたらチェック！ 書く 話す

□自分の部屋をそうじした
cleaned my room

□算数を勉強した
studied math

□テレビを見た
watched TV

□水泳を楽しんだ
enjoyed swimming

□東京を訪れた
visited Tokyo

□ピアノをひいた
played the piano

□夏祭りを楽しんだ
enjoyed the summer festival

□音楽を聞いた
listened to music

□わたしは日曜日にテニスをしました。
I played tennis on Sunday.

▶読み方が分からないときは、左ページにもどって音声を聞いてみましょう。

## やりトリ 自分が日曜日にしたことを書いて、声に出してみましょう。

できたらチェック！ 書く 話す

I ＿＿＿＿＿＿＿＿ on Sunday.

**つたえるコツ**

英単語の最後についているedには発音が[ト][ド][ィド]の3種類あるよ。音声を何度も聞いて、まねてみよう。

▶あてはめる英語は、左のページや付録の小冊子、教科書や辞書などから探してみよう！

練習ができたら、次は誰かに伝えてみよう！

**ぴったりクイズの答え** watched a[the] videoと言うよ。videoには「動画、映像」という意味があるんだ。「テレビゲーム」はvideo gameって言うんだよ。

ぴったり1 準備

# Unit 5 したことについて話そう②

学習日　月　日

めあて 自分がしたことを伝えられるようになろう。

## したことの伝え方

ききトリ 音声を聞き、声に出してみましょう。 トラック97～98

**I went to the beach.**（アイ ウェント トゥー ザ ビーチ）
わたしは海辺に行きました。

せつめい つたえる 「わたしは～しました。」は〈I＋したこと.〉で表します。**went**は「行った」という意味です。「行く」は**go**でしたね。

ききトリ 音声を聞き、英語の言葉を言いかえて、文を読んでみましょう。 トラック99～100

I **went to the beach** .

いいかえよう 動作（したこと）を表す英語②

□ate watermelon（スイカを食べた）

□saw a rainbow（にじを見た）

□made a cake（ケーキを作った）

□wrote a letter（手紙を書いた）

□ate shaved ice（かき氷を食べた）

□saw fireworks（花火を見た）

□made a sandwich（サンドウィッチを作った）
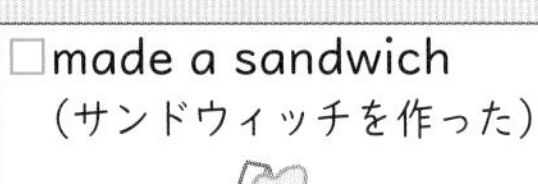
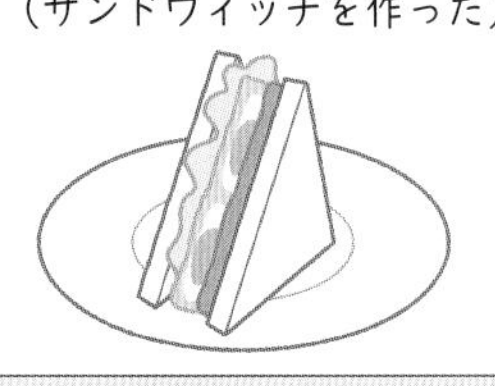

□went to the aquarium（水族館に行った）

□enjoyed camping（キャンプを楽しんだ）

□went to the lake（湖に行った）　□saw many birds（たくさんの鳥を見た）

**ワンポイント**

「～を食べる」はeat ～、「～を見る」はsee ～、「～を作る」はmake ～だったね。

**これを知ったらワンダフル！**

「～しました」と過去の動作を表す語には、playedやpracticedのようにedやdをつけるものや、go→went、eat→ateのように形が変わってしまうものがあるよ。

小冊子のp.10～13で、もっと言葉や表現を学ぼう！

ぴったり2

# 練習

学習日　　月　　日

**ぴったりクイズ** 答えはこのページの下にあるよ！

madeという英語は身近なものによく書かれているよ。どのような意味で使われているか分かるかな？

## かきトリ 英語をなぞり、声に出してみましょう。

できたらチェック！ 書く 話す

□サンドウィッチを作った

made a sandwich

□にじを見た

saw a rainbow

□スイカを食べた

ate watermelon

□キャンプを楽しんだ

enjoyed camping

□ケーキを作った

made a cake

□かき氷を食べた

ate shaved ice

□手紙を書いた

wrote a letter

□水族館に行った

went to the aquarium

□わたしは海辺に行きました。

I went to the beach.

▶読み方が分からないときは、左ページにもどって音声を聞いてみましょう。

## やりトリ 自分がしたことを書いて、声に出してみましょう。

できたらチェック！ 書く 話す

I ＿＿＿＿＿＿＿＿＿＿.

**つたえるコツ**

自分のしたことを伝えるために、休日に行った場所や食べたものを思い出してみよう。「～に行った」はwent to ～で、「～を食べた」はate ～で表すよ。

▶あてはめる英語は、左のページや付録の小冊子、教科書や辞書などから探してみよう！

練習ができたら、次は誰かに伝えてみよう！

**ぴったりクイズの答え**

服のタグなど、物のどこかにmade in ～と書かれていることがあるよね。これは「～の国で作られた」という意味を表しているよ。made in Japanを探してみよう。

# Unit 5 したことについて話そう ①～②

答え 10ページ

**1** 音声の内容に合う絵を、下の㋐～㋒から選び、(　　)に記号を書きましょう。 トラック101

技能 1問10点(20点)

㋐

㋑

㋒

(1) (　　　　) (2) (　　　　)

**2** 音声を聞いて、内容に合う絵を線で結びましょう。 トラック102

1問10点(30点)

(1)

Momoka

(2)

Kevin

(3)

Hana

ふりかえり **2**が分からないときは、58ページにもどって確認(かくにん)してみよう。

## 3 日本文に合う英語の文になるように、［　］の中から語を選び、［　］に書き、文全体をなぞりましょう。

1つ6点(30点)

(1) わたしは自分の部屋をそうじしました。

I ［　　　］ my room.

(2) わたしは日曜日にピアノをひきました。

I ［　　　］ the piano on ［　　　］.

(3) わたしはキャンプを楽しみました。

I ［　　　］ ［　　　］.

enjoyed　cleaned　Sunday　played　camping

## 4 男の子が日曜日にしたことをメモに書いています。絵の内容に合うように、［　］の中から正しい英文を選んで(1)と(2)に書きましょう。

思考・判断・表現　1問10点(20点)

(1)

(2)

I enjoyed swimming.　I enjoyed hiking.

I saw a rainbow.　I saw fireworks.

ぴったり1 準備

# Unit 5 したことについて話そう③

学習日　月　日

めあて したことについてたずねたり、答えたりできるようになろう。

## したことのたずね方／答え方

きぃトリ 音声を聞き、声に出してみましょう。　トラック103〜104

(フ)ワット　ディッド　ユー　ドゥー　ア(ー)ン　サタデイ
**What did you do on Saturday?**
あなたは土曜日に何をしましたか。

アイ　プレイド　テニス　ア(ー)ン　サタデイ
**I played tennis on Saturday.**
わたしは土曜日にテニスをしました。

せつめい
たずねる　What did you do?で、「あなたは何をしましたか。」とたずねることができます。文の最後にon Saturday(土曜日に)などの時を表す言葉が入ります。
こたえる　〈I＋したこと.〉で、「わたしは〜しました。」と答えます。答えるときも、時を表す言葉は最後に入ります。

きぃトリ 音声を聞き、英語の言葉を言いかえて、文を読んでみましょう。　トラック105〜106

**What did you do on Saturday?**

**I played tennis on Saturday.**

いいかえよう　動作(したこと)を表す英語③

□went fishing
(つりに行った)

□made a pizza
(ピザを作った)

□read a book
(本を読んだ)

□played soccer
(サッカーをした)

□made dinner
(夕食を作った)

□watched a movie
(映画を見た)

□climbed a mountain(山に登った)

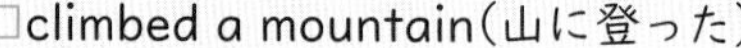

ワンポイント
read(読む) [リード]
→read(読んだ) [レッド]と、同じつづりでも発音が変わることに気をつけよう。

これを知ったらワンダフル!
「夕食」はdinner、
「朝食」はbreakfast、
「昼食」はlunchだよ。

小冊子のp.10〜13で、もっと言葉や表現を学ぼう！

ぴったり2 練習

学習日　　月　　日

ぴったりクイズ　答えはこのページの下にあるよ！

ふつう、土曜日と日曜日のことを「週末」って言うけど、「週末」を表す英語は何か分かるかな？

かきトリ　英語をなぞり、声に出してみましょう。　できたらチェック！　書く　話す

□映画を見た
watched a movie

□サッカーをした
played soccer

□本を読んだ
read a book

□夕食を作った
made dinner

□つりに行った
went fishing

□ピザを作った
made a pizza

□山に登った
climbed a mountain

□あなたは土曜日に何をしましたか。
What did you do on Saturday?

□わたしは土曜日にテニスをしました。
I played tennis on Saturday.

▶読み方が分からないときは、左ページにもどって音声を聞いてみましょう。

やりトリ　自分が土曜日にしたことを書いて、声に出してみましょう。　できたらチェック！　書く　話す

What did you do on Saturday?

I ＿＿＿＿＿＿＿＿ on Saturday.

▶あてはめる英語は、左のページや付録の小冊子、教科書や辞書などから探してみよう！

つたえるコツ
「〜しました」という意味の語の発音に注意して、自分のしたことを相手に伝えよう。

答える練習ができたら、次は誰かに質問してみよう！

ぴったりクイズの答え
「週末」はweekend［**ウィ**ーケンド］だよ。week(週)とend(終わり)という英語がくっついてできたんだよ。

ぴったり1 準備

# Unit 5 したことについて話そう④

学習日　　月　　日

めあて
自分が楽しんだことについての感想を伝えることができるようになろう。

## 楽しんだことについての感想の伝え方

ききトリ 音声を聞き、声に出してみましょう。　トラック107～108

アイ　インヂョイド　キャンピング　ア(ー)ン　フライディ
**I enjoyed camping on Friday.**
わたしは金曜日にキャンプを楽しみました。
イット　ワズ　グレイト
**It was great.**
それはすばらしかったです。

せつめい つたえる 自分が楽しんだことについての感想を言うときは、It was ～.で、「それは～でした[～かったです]。」と伝えます。「～」には、感想を表す言葉が入ります。

ききトリ 音声を聞き、英語の言葉を言いかえて、文を読んでみましょう。　トラック109～110

I enjoyed camping on Friday.
It was **great** .

いいかえよう　感想を表す英語

□exciting
（わくわくさせる）

□fun
（楽しみ、楽しいこと）

□good
（よい）

□wonderful
（すばらしい）

□funny
（おもしろい）

□nice
（すてきな）

**ワンポイント**
nice（すてきな）は、「楽しい」「よい」「おいしい」「すばらしい」「うれしい」などの意味を表すこともできるよ。便利な英語だね。

**これを知ったらワンダフル！**
It was ～. の It は「それは」という意味の英語で、ここでは前の文の自分が楽しんだことをさしているよ。

小冊子のp.26～27で、もっと言葉や表現を学ぼう！

学習日　　月　　日

**?ぴったりクイズ** 答えはこのページの下にあるよ！

good(よい)にsをつけてgoodsにするとまったくちがう意味になるんだよ。どんな意味になると思う？

## かきトリ 英語をなぞり、声に出してみましょう。

できたらチェック！ 書く 話す

□すてきな
nice

□おもしろい
funny

□すばらしい
wonderful

□すばらしい
great

□よい
good

□楽しみ、楽しいこと
fun

□わくわくさせる
exciting

□わたしは金曜日にキャンプを楽しみました。
I enjoyed camping on Friday.

□それはすばらしかったです。
It was great.

**ヒント**
funny と fun の u は「ア」、wonderful の o は「ア」、great の ea は「エイ」と発音することに注意しよう。

▶読み方が分からないときは、左ページにもどって音声を聞いてみましょう。

## やりトリ したことの感想を書いて、声に出してみましょう。

できたらチェック！ 書く 話す

I enjoyed camping.
It was ＿＿＿＿＿＿＿＿.

**つたえるコツ**
感想を伝える言葉を強くはっきり言おう。
「すばらしい」という意味を表すwonderful［**ワ**ンダフル］なども使ってみるといいね。

▶あてはめる英語は、左のページや付録の小冊子、教科書や辞書などから探してみよう！

練習ができたら、次は誰かに伝えてみよう！

**ぴったりクイズの答え**
「商品全般、グッズ」という意味になって［**グ**ッズ］と発音するよ。
単体(1つ)の商品を表したいときはitem［**ア**イテム］を使うよ。

# Unit 5 したことについて話そう ③〜④

答え 11ページ

## 1 音声の内容に合う絵を、下の㋐〜㋒から選び、(　　)に記号を書きましょう。

トラック111

技能 1問10点(20点)

㋐

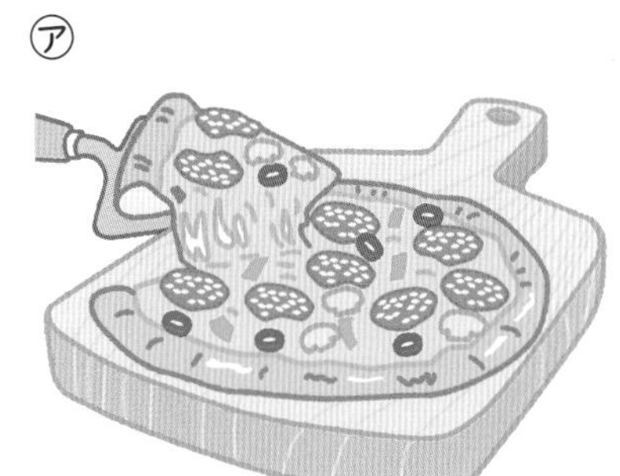

㋑

㋒

(1) (　　　　)　(2) (　　　　)

## 2 音声を聞いて、内容に合う絵を線で結びましょう。

トラック112

1問完答10点(30点)

(1)

Jiro

(2)

Riku

土曜日

(3)

Momoka

日曜日

ふりかえり ❷が分からないときは、62、64ページにもどって確認(かくにん)してみよう。

**3** 日本文に合う英語の文になるように、[ ]の中から語を選び、[ ]に書き、文全体をなぞりましょう。文の最初の文字は大文字で書きましょう。

1つ6点(30点)

(1) あなたは日曜日に何をしましたか。

[ ] did you do on Sunday?

(2) わたしは土曜日にサッカーをしました。

I [ ] soccer [ ] Saturday.

(3) それはわくわくしました。

[ ] was [ ].

what　exciting　played　it　on

**4** 絵の内容に合うように、[ ]の中から正しい英文を選んで(1)と(2)に書きましょう。

思考・判断・表現　1問10点(20点)

(1)

(2)

I played the guitar on Friday.　It is fun.

I played the piano on Friday.　It was fun.

ぴったり1 準備

3分でまとめ

# Unit 6 思い出について話そう①

学習日　月　日

めあて
小学校の思い出をたずねたり、答えたりできるようになろう。

## 思い出の学校行事のたずね方／答え方

ききトリ 音声を聞き、声に出してみましょう。　トラック113～114

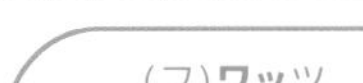

(フ)ワッツ　ユア　フェイヴ(ァ)リット　メモリィ
**What's your favorite memory?**
あなたのお気に入りの思い出は何ですか。

マイ　フェイヴ(ァ)リット　メモリィ　イズ　ザ　スクール　トゥリップ
**My favorite memory is the school trip.**
わたしのお気に入りの思い出は修学旅行です。

せつめい

たずねる　What's your favorite memory?で、「あなたのお気に入りの思い出は何ですか。」とたずねることができます。**favorite**は「お気に入りの」、**memory**は「思い出」という意味です。

こたえる　My favorite memory is ～. で、「わたしのお気に入りの思い出は～です。」と答えます。ここでの「～」には学校行事を表す言葉が入ります。

ききトリ 音声を聞き、英語の言葉を言いかえて、文を読んでみましょう。　トラック115～116

**What's your favorite memory?**

**My favorite memory is the school trip .**

いいかえよう　学校行事を表す英語①

□the school camp
（スクールキャンプ）

□the swimming meet
（水泳大会）

□the field trip
（校外見学）

□the music festival
（音楽祭）

□the sports day
（運動会）

□the school marathon
（校内マラソン）

ワンポイント
What'sはWhat isを短くした形だよ。「あなたの(your)～」とたずねられたので、「わたしの(my)～」で答えるよ。

これを知ったらワンダフル!
swimming meet のmeet［ミート］は「競技会」という意味だよ。

小冊子のp.18～19で、もっと言葉や表現を学ぼう！

ぴったり2
# 練習

学習日　月　日

答えはこのページの下にあるよ！

アメリカの学校でよくある行事の1つに、「パジャマデー」というものがあるよ。どのような行事か分かるかな？

## かきトリ　英語をなぞり、声に出してみましょう。

できたらチェック！　書く　話す

□校外見学
the field trip

□スクールキャンプ
the school camp

□水泳大会
the swimming meet

□運動会
the sports day

□音楽祭
the music festival

ヒント
運動会は
sports festival
とも言うよ。

□あなたのお気に入りの思い出は何ですか。
What's your favorite memory?

□わたしのお気に入りの思い出は修学旅行です。
My favorite memory is the school trip.

▶読み方が分からないときは、左ページにもどって音声を聞いてみましょう。

## やりトリ　自分のお気に入りの思い出を書いて、声に出してみましょう。

できたらチェック！　書く　話す

What's your favorite memory?

つたえるコツ
質問に答えるときは、isの後ろに書く学校行事を強く言おう。

My favorite ＿＿＿ is ＿＿＿.

▶あてはめる英語は、左のページや付録の小冊子、教科書や辞書などから探してみよう！

答える練習ができたら、次は誰かに質問してみよう！

ぴったりクイズの答え　Pajama Day(パジャマデー)とは、パジャマで学校に登校していい日のことだよ。国によって、定番の学校行事にもちがいがあるんだね。

ぴったり1 準備

# Unit 6 思い出について話そう②

学習日　月　日

めあて
小学校の思い出をたずねたり、答えたりできるようになろう。

## 思い出の学校行事のたずね方／答え方

 音声を聞き、声に出してみましょう。　トラック117〜118

(フ)ワッツ　ユア　ベスト　メモリィ
**What's your best memory?**
あなたのいちばんの思い出は何ですか。

マイ　ベスト　メモリィ　イズ　ザ　スクール　トゥリップ
**My best memory is the school trip.**
わたしのいちばんの思い出は修学旅行です。

せつめい

たずねる　What's your best memory?で、「あなたのいちばんの思い出は何ですか。」とたずねることができます。bestは「いちばんの」という意味です。

こたえる　My best memory is ～. で、「わたしのいちばんの思い出は～です。」と答えます。ここでの「～」には学校行事を表す言葉が入ります。

 音声を聞き、英語の言葉を言いかえて、文を読んでみましょう。　トラック119〜120

What's your best memory?

My best memory is **the school trip**.

いいかえよう　学校行事を表す英語②

□the school play（学芸会）

□the swimming meet（水泳大会）

□the field trip（校外見学）

□the entrance ceremony（入学式）

□the graduation ceremony（卒業式）

□the school marathon（校内マラソン）

ワンポイント
「ベストをつくしましょう。」って言うよね。この「ベスト」がbestなんだよ。

これを知ったらワンダフル！
entrance ceremony、graduation ceremonyにあるceremony［セレモウニィ］は「式、儀式」という意味だよ。opening ceremony（開会式）など、いろいろな「式」に使われるよ。

▶ 小冊子のp.18〜19で、もっと言葉や表現を学ぼう！

ぴったり2

# 練習

学習日 月 日

?ぴったりクイズ 答えはこのページの下にあるよ！

entrance ceremonyは「入学式」、graduation ceremonyは「卒業式」。
では、tea ceremonyは？

## かきトリ 英語をなぞり、声に出してみましょう。

できたらチェック！ 書く 話す

□修学旅行

the school trip

□学芸会

the school play

ヒント

the school play の play は「劇(げき)、演劇」という意味だよ。

□入学式

the entrance ceremony

□卒業式

the graduation ceremony

□あなたのいちばんの思い出は何ですか。

What's your best memory?

□わたしのいちばんの思い出は修学旅行です。

My best memory is the school trip.

▶読み方が分からないときは、左ページにもどって音声を聞いてみましょう。

## やりトリ 自分のいちばんの思い出を書いて、声に出してみましょう。

できたらチェック！ 書く 話す

What's your best memory?

つたえるコツ

「いちばんの思い出」を伝えるので、気持ちをこめて言ってみよう。

My ＿＿＿＿ memory is ＿＿＿＿＿＿＿＿.

▶あてはめる英語は、左のページや付録の小冊子、教科書や辞書などから探してみよう！

答える練習ができたら、次は誰かに質問してみよう！

ぴったりクイズの答え ceremonyは「儀式、作法」という意味の語で、tea ceremonyは「茶(さ)道、茶会」という意味だよ。

# Unit 6
# 思い出について話そう①～②

答え 12ページ

## 1 音声の内容に合う絵を、下の㋐～㋒から選び、(　　)に記号を書きましょう。

トラック121

技能　1問10点(20点)

㋐

㋑

㋒

(1) (　　　　)　(2) (　　　　)

## 2 音声を聞いて、内容に合う絵を線で結びましょう。

トラック122

1問10点(30点)

(1)

Masato

(2)

Yuta

(3)

Jimmy

ふりかえり　2が分からないときは、68、70ページにもどって確認(かくにん)してみよう。

**3** 日本文に合う英語の文になるように、□の中から語を選び、□に書き、文全体をなぞりましょう。2回使う語もあります。文の最初の文字は大文字で書きましょう。

1つ6点(30点)

(1) あなたのお気に入りの思い出は何ですか。

＿＿＿ your ＿＿＿ memory?

(2) わたしのお気に入りの思い出は運動会です。

My ＿＿＿ memory is the

＿＿＿ ＿＿＿.

favorite　　day　　what's　　sports

**4** 女の子が小学校でいちばん思い出に残ったことをたずねられました。２人の対話が成り立つように、□の中から正しい英文を選んで(1)と(2)に書きましょう。

思考・判断・表現　1問10点(20点)

?

(1) ＿＿＿

(2) ＿＿＿

Jim

Yume

My best memory is the swimming meet.　　What's your favorite memory?

My favorite memory is the school play.　　What's your best memory?

ぴったり1 準備

# Unit 6 思い出について話そう③

学習日　　月　　日

めあて
小学校の思い出の感想を伝えることができるようになろう。

## 思い出の学校行事の伝え方

音声を聞き、声に出してみましょう。

トラック123〜124

**My best memory is the school trip.**（マイ ベスト メモリィ イズ ザ スクール トゥリップ）
わたしのいちばんの思い出は修学旅行です。

**It was fun.**（イット ワズ ファン）
それは楽しかったです。

せつめい　つたえる　自分のいちばんの思い出を伝えるときは、My best memory is ～.で、「わたしのいちばんの思い出は～です。」と表します。その思い出の感想を伝えるときは、It was ～.とし、「それは～でした。」という意味になります。

音声を聞き、英語の言葉を言いかえて、文を読んでみましょう。　トラック125〜128

My best memory is **the school trip**.

いいかえよう　学校行事を表す英語③

- □the school marathon（校内マラソン）

- □the entrance ceremony（入学式）
- □the graduation ceremony（卒業式）

ワンポイント
いちばん伝えたいこと（学校行事）を少し強く読むよ。

It was **fun**.

いいかえよう　感想を表す英語

- □great（すばらしい）
- □exciting（わくわくさせる）
- □nice（すてきな）
- □good（よい）
- □funny（おもしろい）
- □wonderful（すばらしい）

これを知ったらワンダフル！
思い出の感想を伝えるときは、「～でした。」と表すので、It'sやIt isではなく、It wasとすることに注意しよう。

小冊子のp.18〜19、26〜27で、もっと言葉や表現を学ぼう！

ぴったり2

# 練習

学習日　月　日

**ぴったりクイズ** 答えはこのページの下にあるよ！

ceremonyは「式」を意味する英語だけど、wedding ceremonyは、どういう意味か分かるかな？

## かきトリ 英語をなぞり、声に出してみましょう。

できたらチェック！ 書く □ 話す □

□校内マラソン

the school marathon

ヒント

marathon の th のつづりに注意しよう。

□すばらしい

wonderful

□わくわくさせる

exciting

□入学式

the entrance ceremony

□卒業式

the graduation ceremony

□わたしのいちばんの思い出は修学旅行です。

My best memory is the school trip.

□それは楽しかったです。

It was fun.

□それはすてきでした。

It was nice.

▶読み方が分からないときは、左ページにもどって音声を聞いてみましょう。

## やりトリ 自分の思い出とその感想を書いて、声に出してみましょう。

できたらチェック！ 書く □ 話す □

My best memory is ＿＿＿＿＿＿＿＿.

It was ＿＿＿＿＿＿＿＿.

**つたえるコツ**

いちばんの思い出の部分を、はっきり伝えるようにしよう。

▶あてはめる英語は、左のページや付録の小冊子、教科書や辞書などから探してみよう！

練習ができたら、次は誰かに伝えてみよう！

**ぴったりクイズの答え** wedding ceremony［**ウェ**ディング **セ**レモウニィ］は「結婚式（けっこんしき）」という意味だよ。

ぴったり1 準備

# Unit 6 思い出について話そう④

学習日 月 日

めあて 思い出の行事でしたことが言えるようになろう。

## 思い出とそこでしたことの伝え方

ききトリ 音声を聞き、声に出してみましょう。 トラック129～130

マイ ベスト メモリィ イズ ザ スポーツ デイ
**My best memory is the sports day.**
わたしのいちばんの思い出は運動会です。

アイ インヂョイド プレイング サ(ー)カァ
**I enjoyed playing soccer.**
わたしはサッカーをすることを楽しみました。

せつめい つたえる 自分のいちばんの思い出を伝えてから、そこでしたことについて〈I＋したこと .〉で、「わたしは～をしました。」と説明します。

ききトリ 音声を聞き、英語の言葉を言いかえて、文を読んでみましょう。 トラック131～132

My best memory is the sports day.
I **enjoyed playing soccer** .

いいかえよう 動作(したこと)を表す英語

□enjoyed singing
(歌うことを楽しんだ)

□played the recorder
(リコーダーをふいた)

□made a snowman
(雪だるまを作った)

□played Chutaro
(チュウ太郎を演じた)

□ran fast
(速く走った)

□saw many animals
(たくさんの動物を見た)

□made curry and rice
(カレーライスを作った)

□ate lunch
(昼食を食べた)

□enjoyed camping
(キャンプを楽しんだ)

□saw Tokyo Skytree
(東京スカイツリーを見た)

□listened to music
(音楽を聞いた)

□baked cookies
(クッキーを焼いた)

ワンポイント

Chutaro や Tokyo Skytree など、この世に1つしかないものやその名前は、頭文字を大文字にしよう。

これを知ったらワンダフル！

「走る」はrunだけど、したことを表す「走った」はranと書くことに注意しよう。

小冊子のp.10～13で、もっと言葉や表現を学ぼう！

ぴったり2

# 練習

学習日　月　日

?ぴったりクイズ　答えはこのページの下にあるよ！

イギリスでは「クッキー」のことをcookieって言わないんだよ。何て言うか知っているかな？

## かきトリ　英語をなぞり、声に出してみましょう。

できたらチェック！　書く　話す

□昼食を食べた

ate lunch

□音楽を聞いた

listened to music

□速く走った

ran fast

□たくさんの動物を見た

saw many animals

□リコーダーをふいた

played the recorder

□クッキーを焼いた

baked cookies

□歌うことを楽しんだ

enjoyed singing

□わたしのいちばんの思い出は運動会です。

My best memory is the sports day.

□わたしはサッカーをすることを楽しみました。

I enjoyed playing soccer.

▶読み方が分からないときは、左ページにもどって音声を聞いてみましょう。

## やりトリ　自分の思い出とそこでしたことを書いて、声に出してみましょう。

できたらチェック！　書く　話す

My best memory is ＿＿＿＿＿＿＿＿.

I ＿＿＿＿＿＿＿＿.

**つたえるコツ**

2つ目の文は、動作を表す英語を「したこと」を表す形にしよう。

▶あてはめる英語は、左のページや付録の小冊子、教科書や辞書などから探してみよう！

練習ができたら、次は誰かに伝えてみよう！

**ぴったりクイズの答え**　イギリスではクッキーのことをbiscuit（ビスケット）って言うんだよ。アメリカで「ビスケット」と言うと「やわらかい菓子（かし）パン」を意味するんだって。

# Unit 6
## 思い出について話そう③～④

答え 13ページ

**1** 音声の内容に合う絵を、下の㋐～㋒から選び、(　　)に記号を書きましょう。

トラック133

技能　1問10点(20点)

㋐

㋑

㋒

(1) (　　　　)　(2) (　　　　)

**2** 音声を聞いて、内容に合う絵を線で結びましょう。

トラック134

1問完答10点(30点)

(1)

Nancy

(2)

Emi

(3)

Akane

| 水泳大会 | 修学旅行 | 音楽祭 | 校外見学 |
|---|---|---|---|

ふりかえり　**2**が分からないときは、74、76ページにもどって確認してみよう。

**3** 日本文に合う英語の文になるように、[　　]の中から語を選び、[　　]に書き、文全体をなぞりましょう。

1つ6点(30点)

(1) わたしのいちばんの思い出は入学式です。

My [　　] [　　] is the entrance [　　].

(2) わたしは雪だるまを作りました。

I [　　] a [　　].

ceremony　memory　snowman　best　made

**4** 女の子が小学校のいちばんの思い出を書いています。絵の内容に合うように、[　　]の中から正しい英語を選んで(1)と(2)に書き、文全体をなぞりましょう。

思考・判断・表現　1問10点(20点)

ゴール

(1) My best memory is ________.

(2) ________

the field trip　the school marathon

It was exciting.　It was delicious.

この本の終わりにある「冬のチャレンジテスト」をやってみよう！

ぴったり1 準備

3分でまとめ

# Unit 7 なりたいものについて話そう①

学習日　　月　　日

めあて
将来(しょうらい)の夢をたずねたり、答えたりできるようになろう。

## 将来なりたいもののたずね方／答え方

音声を聞き、声に出してみましょう。　トラック135〜136

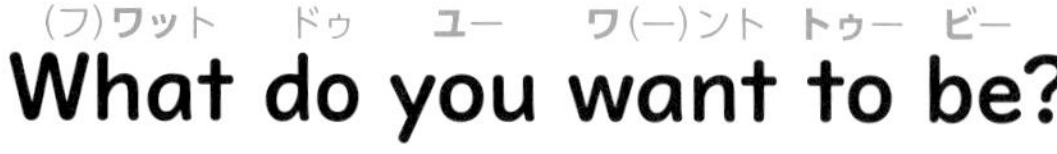

(フ)ワット　ドゥ　ユー　ワ(ー)ント　トゥー　ビー
**What do you want to be?**
あなたは何になりたいですか。

アイ　ワ(ー)ント　トゥー　ビー　ア　ヴェット
**I want to be a vet.**
わたしは獣医(じゅうい)になりたいです。

せつめい

たずねる　What do you want to be?で、「あなたは何になりたいですか。」と将来なりたいものをたずねることができます。

こたえる　〈I want to be＋職業を表す言葉など.〉で「わたしは〜になりたいです。」と答えます。

きき取り　音声を聞き、英語の言葉を言いかえて、文を読んでみましょう。　トラック137〜138

**What do you want to be?**

**I want to be a vet.**

いいかえよう　職業を表す英語

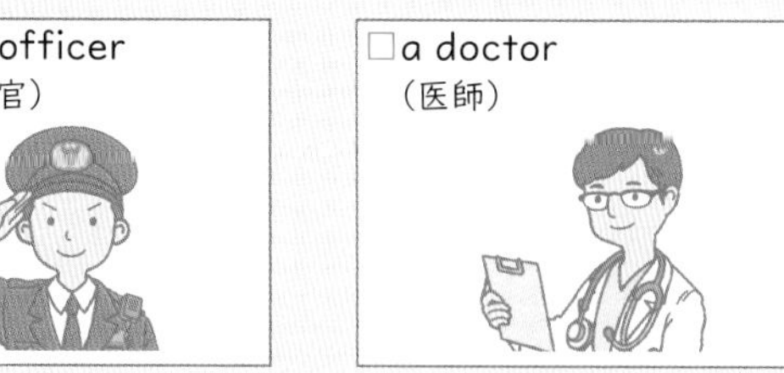

| | | |
|---|---|---|
| □an astronaut（宇宙飛行士） | □a police officer（けいさつ官） | □a doctor（医師） |
| □a nurse（看護師(かんごし)） | □a flight attendant（客室乗務員） | □a comedian（お笑い芸人） |
| □a singer（歌手） | □a hairdresser（美容師） | □a baker（パン職人） |

ワンポイント
ここでのbeは、「〜になる」という意味だよ。

これを知ったらワンダフル！
singerはsing(歌う)にerがついて、「歌手(歌う人)」。teacherはteach(教える)にerがついて「先生(教える人)」なんだよ。

小冊子のp.22〜23で、もっと言葉や表現を学ぼう！

ぴったり2
# 練習

学習日　月　日

**ぴったりクイズ** 答えはこのページの下にあるよ！

member of the Dietという職業は、何だか分かるかな？

## かきトリ 英語をなぞり、声に出してみましょう。

できたらチェック！ 書く 話す

□パン職人
a baker

□客室乗務員
a flight attendant

□看護師
a nurse

□けいさつ官
a police officer

□美容師
a hairdresser

□宇宙飛行士
an astronaut

□歌手
a singer

□お笑い芸人
a comedian

□医師
a doctor

□あなたは何になりたいですか。
What do you want to be?

□わたしは獣医になりたいです。
I want to be a vet.

▶読み方が分からないときは、左ページにもどって音声を聞いてみましょう。

## やりトリ 自分が将来なりたいものを書いて、声に出してみましょう。

できたらチェック！ 書く 話す

What do you want to be?

I want to be ＿＿＿＿＿＿＿＿.

**つたえるコツ**
なりたいものの前にaやanをつけることに注意しよう。

▶あてはめる英語は、左のページや付録の小冊子、教科書や辞書などから探してみよう！

答える練習ができたら、次は誰かに質問してみよう！

**ぴったりクイズの答え** member of the Dietは「国会議員」だよ。the Dietで「(日本などの)国会」という意味。食事制限のダイエットは、dietと小文字で表すよ。

# Unit 7 なりたいものについて話そう①

答え 14ページ

## 1 音声の内容に合う絵を、下の㋐～㋒から選び、(　　)に記号を書きましょう。

トラック139

技能 1問10点(20点)

㋐

㋑

㋒

(1) (　　　　)　(2) (　　　　)

## 2 音声を聞いて、内容に合う絵を線で結びましょう。

トラック140

1問10点(30点)

(1)

Takuto

(2)

Sanae

(3)

Mike

ふりかえり ❷が分からないときは、80ページにもどって確認してみよう。

## 3 日本文に合う英語の文になるように、[ ]の中から語を選び、[ ]に書き、文全体をなぞりましょう。２回使う語もあります。

1つ6点(30点)

(1) わたしはお笑い芸人になりたいです。

I want to [ ] a [ ].

(2) あなたは何になりたいですか。

What do you want to [ ]?

(3) 〈(2)に答えて〉わたしは宇宙飛行士になりたいです。

I [ ] to be an [ ].

astronaut　comedian　be　want

## 4 タクとアンが将来(しょうらい)の夢について話しています。２人の対話が成り立つように、[ ]の中から正しい英文を選んで(1)と(2)に書きましょう。

思考・判断・表現　1問10点(20点)

?

(1) ＿＿＿＿＿＿＿＿

Taku

(2) ＿＿＿＿＿＿＿＿

Ann

I want to be a police officer.　What do you like?

I want to be a singer.　What do you want to be?

ぴったり1 準備

# Unit 7 なりたいものについて話そう②

学習日　　月　　日

めあて
将来の夢や、そうなりたい理由を伝えることができるようになろう。

## 将来なりたいものの伝え方、その理由のたずね方／答え方①

ききトリ 音声を聞き、声に出してみましょう。　トラック141～142

I want to be a vet.（アイ ワ(ー)ント トゥー ビー ア ヴェット）
わたしは獣医になりたいです。

Why?（(フ)ワイ）
なぜですか。

I want to save animals.（アイ ワ(ー)ント トゥー セイヴ アニマルズ）
わたしは動物を救いたいです。

せつめい
つたえる　I want to be ～. で、「わたしは～になりたいです。」と表しています。ここでの「～」には、職業を表す言葉などが入ります。
たずねる　Why? で、「なぜですか。」と理由をたずねることができます。
こたえる　今までに学んだ表現を使って、なりたいものについて理由を答えましょう。

ききトリ 音声を聞き、英語の言葉を言いかえて、文を読んでみましょう。　トラック143～144

なりたいものが獣医のとき

I want to be a vet.

Why?

I want to save animals.

いいかえよう
- □I'm good at taking care of animals.（わたしは動物の世話をするのが得意です。）
- □I like animals.（わたしは動物が好きです。）
- □I have a dog and two cats.（わたしはイヌ１匹とネコ２匹を飼っています。）

ワンポイント
理由を答えるときは、I want to ～.(わたしは～したいです。)、I'm good at ～.(わたしは～が得意です。)、I like ～.(わたしは～が好きです。)などを使って、伝えることができるよ。

これを知ったらワンダフル！
Why? に答える文で、Because という英語を使う表現があるよ。中学生になったらくわしく学ぼう。

ぴったり2
# 練習

学習日　　月　　日

ぴったりクイズ　答えはこのページの下にあるよ！

「サラリーマン」という言葉は英語じゃないんだよ。では「会社員」は英語で何と表すか分かるかな？

## かきトリ　英語をなぞり、声に出してみましょう。

できたらチェック！　書く　話す

□～を救う、助ける　save

□動物　animal

□なぜ　why

□わたしは獣医になりたいです。　I want to be a vet.

□なぜですか。　Why?

□わたしは動物を救いたいです。　I want to save animals.

□わたしは動物の世話をするのが得意です。　I'm good at taking care of animals.

□わたしは動物が好きです。　I like animals.

▶読み方が分からないときは、左ページにもどって音声を聞いてみましょう。

## やりトリ　将来なりたいものとその理由を書いて、声に出してみましょう。

できたらチェック！　書く　話す

I want to be ＿＿＿＿.

Why?

＿＿＿＿.

▶あてはめる英語は、左のページや付録の小冊子、教科書や辞書などから探してみよう！

**つたえるコツ**

理由を答えるときは、I want to ～.やI'm good at ～.、I like ～.などの文を使おう。

練習ができたら、次は誰かに伝えてみよう！

ぴったりクイズの答え　「会社員」は、英語でoffice worker［**ア**(ー)フィス　**ワ**ーカァ］と表すことが多いよ。

ぴったり1 準備

# Unit 7 なりたいものについて話そう③

学習日　　月　　日

めあて
将来(しょうらい)の夢や、そうなりたい理由を伝えることができるようになろう。

## 将来なりたいものの伝え方、その理由のたずね方／答え方②

ききトリ 音声を聞き、英語の言葉を言いかえて、文を読んでみましょう。 トラック145〜148

なりたいものがパン職人のとき

I want to be a baker.

Why?

**I'm good at baking bread.**

いいかえよう

□I want to bake delicious and nice bread.
（わたしはおいしくてすてきなパンを焼きたいです。）
□I like bread.
（わたしはパンが好きです。）

ワンポイント
ここでのWhy?はWhy do you want to be a baker?を省略したものだよ。

なりたいものが歌手のとき

I want to be a singer.

Why?

**I like singing songs.**

いいかえよう

□I always want to enjoy music.
（わたしはいつも音楽を楽しみたいです。）
□I'm good at singing.
（わたしは歌うことが得意です。）

これを知ったらワンダフル！
なりたいものを表す単語には、bakerやsingerのように後ろにerがつくものや、artist（芸術家）、scientist（科学者）、pharmacist（薬剤師(やくざいし)）のようにistがつくものがあるよ。

ぴったり2
# 練習

学習日　　月　　日

**ぴったりクイズ** 答えはこのページの下にあるよ！

人気な職業の１つである「スポーツ選手」は、英語で何と言うか分かるかな？

## かきトリ 英語をなぞり、声に出してみましょう。

できたらチェック！ 書く 話す

□歌手
a singer

□パン職人
a baker

□なぜですか。
Why?

□わたしはパン職人になりたいです。
I want to be a baker.

□わたしはパンを焼くことが得意です。
I'm good at baking bread.

□わたしは歌手になりたいです。
I want to be a singer.

□わたしは歌を歌うことが好きです。
I like singing songs.

▶読み方が分からないときは、左ページにもどって音声を聞いてみましょう。

## やりトリ 将来なりたいものとその理由を書いて、声に出してみましょう。

できたらチェック！ 書く 話す

I want to be ＿＿＿＿＿.

Why?

＿＿＿＿＿＿＿＿.

**つたえるコツ**
p.85で練習した文とはちがう形を使って練習してみよう。

▶あてはめる英語は、左のページや付録の小冊子、教科書や辞書などから探してみよう！

練習ができたら、次は誰かに伝えてみよう！

**ぴったりクイズの答え** 「スポーツ選手」は、英語でathlete[**ア**スリート]と言うよ。「野球選手」はbaseball playerのように、スポーツ名とplayerを合わせて表すよ。

# Unit 7 なりたいものについて話そう②〜③

答え 15ページ

## 1 音声の内容に合う絵を、下の㋐〜㋒から選び、(　　)に記号を書きましょう。

トラック149

技能　1問10点(20点)

㋐

㋑

㋒

(1) (　　　　)　(2) (　　　　)

## 2 音声を聞いて、内容に合う絵を線で結びましょう。

トラック150

1問完答10点(30点)

(1)

Ken

(2)

Mary

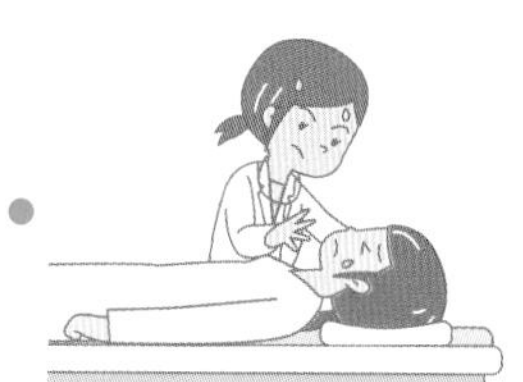

(3)

Emi

ふりかえり　❷が分からないときは、84ページにもどって確認(かくにん)してみよう。

**3** 日本文に合う英語の文になるように、□の中から語を選び、□に書き、文全体をなぞりましょう。文の最初の文字は大文字で書きましょう。

1つ6点(30点)

(1) わたしは歌手になりたいです。

I ＿＿＿ to be a ＿＿＿.

(2) なぜですか。

＿＿＿?

(3) 〈(2)に答えて〉わたしは歌うことが得意です。

I'm ＿＿＿ at ＿＿＿.

singer　singing　want　why　good

**4** 男の子が自分の夢について書いています。絵の内容に合うように、□の中から正しい英文を選んで(1)にはなりたいものを、(2)にはその理由を書きましょう。

思考・判断・表現　1問10点(20点)

(1)

(2)

I want to see many movies.　I want to be a doctor.

I want to save many people.　I want to be a nurse.

ぴったり1 準備

# Unit 8 中学校でしたいことについて話そう①

3分でまとめ

学習日　月　日

めあて
中学生になったら入りたい部活動をたずねたり、答えたりできるようになろう。

## 中学生になったら入りたい部活動のたずね方／答え方

ききトリ 音声を聞き、声に出してみましょう。　トラック151～152

(フ)ワット クラブ ドゥ ユー ワ(ー)ント トゥー ヂョイン
**What club do you want to join?**
あなたは何の部活動に入りたいですか。

アイ ワ(ー)ント トゥー ヂョイン ザ サ(ー)カァ ティーム
**I want to join the soccer team.**
わたしはサッカー部に入りたいです。

せつめい
たずねる What club do you want to join? で、「あなたは何の部活動に入りたいですか。」とたずねることができます。
こたえる I want to join the ～.で、「わたしは～に入りたいです。」と答えます。「～」には部活動を表す言葉が入ります。

ききトリ 音声を聞き、英語の言葉を言いかえて、文を読んでみましょう。　トラック153～154

**What club do you want to join?**

**I want to join the soccer team.**

いいかえよう　部活動を表す英語

□art club（美術部）

□brass band（ブラスバンド、吹奏楽部）

□science club（科学部）

□swimming team（水泳部）

□table tennis team（卓球部）

□tennis team（テニス部）

□basketball team（バスケットボール部）

□dance club（ダンス部）

□track and field team（陸上部）

ワンポイント
joinには「～に加わる、参加する」という意味があるため、ここでは「(部活動に)入る」と表しているよ。

これを知ったらワンダフル!
teamは競技がある部、clubは競技がない部を表すことが多いよ。そのため、スポーツの部活動にはteamがよく使われているよ。

小冊子のp.20～21で、もっと言葉や表現を学ぼう！

ぴったり2 練習

学習日 月 日

ぴったりクイズ 答えはこのページの下にあるよ！

brass band（吹奏楽部）のbrassは、何という意味か分かるかな？

かきトリ 英語をなぞり、声に出してみましょう。 できたらチェック！ 書く 話す

□テニス部
tennis team

□サッカー部
soccer team

□水泳部
swimming team

□美術部
art club

□科学部
science club

□ブラスバンド、吹奏楽部
brass band

□ダンス部
dance club

□陸上部
track and field team

□あなたは何の部活動に入りたいですか。
What club do you want to join?

□わたしはサッカー部に入りたいです。
I want to join the soccer team.

▶読み方が分からないときは、左ページにもどって音声を聞いてみましょう。

やりトリ 自分が入りたい部活動を書いて、声に出してみましょう。 できたらチェック！ 書く 話す

What club do you want to join?

I want to join the ______________.

つたえるコツ

答えを聞いたあとは、That's good!（それはよいですね！）などの感想を伝えて、楽しく会話することをイメージしてみよう。

▶あてはめる英語は、左のページや付録の小冊子、教科書や辞書などから探してみよう！

答える練習ができたら、次は誰かに質問してみよう！

ぴったりクイズの答え brassは、「真ちゅう」という意味だよ。真ちゅうは楽器の素材にも使われる金属で、brass bandのbrassは「金管楽器」という意味があるんだよ。

ぴったり1 準備

学習日　月　日

# Unit 8 中学校でしたいことについて話そう②

めあて
中学生になったらやりたいことをたずねたり、答えたりできるようになろう。

## 中学校でしたいことのたずね方／答え方

音声を聞き、声に出してみましょう。　トラック155～156

(フ)ワット　ドゥ　ユー　ワ(ー)ント　トゥー　ドゥー
**What do you want to do?**
あなたは何をしたいですか。

アイ　ワ(ー)ント　トゥー　インヂョイ　ザ　ミューズィック　フェスティヴァル
**I want to enjoy the music festival.**
わたしは音楽祭を楽しみたいです。

せつめい
たずねる　What do you want to do? で、「あなたは何をしたいですか。」としたいことをたずねることができます。
こたえる　I want to ～.で、「わたしは～をしたいです。」と答えます。

音声を聞き、英語の言葉を言いかえて、文を読んでみましょう。　トラック157～158

What do you want to do?

I want to **enjoy the music festival** .

いいかえよう　することを表す英語

□enjoy the sports day
（運動会を楽しむ）

□do volunteer work
（ボランティア活動をする）

□go on a field trip
（校外見学に行く）

□make many friends
（たくさんの友だちをつくる）

□sing in the chorus contest
（合唱コンクールで歌う）

□read many books
（たくさんの本を読む）

**ワンポイント**
What do you want to do?の文にはdoが2つあるよ。1つ目のdoはたずねる文をつくるためのdoで意味はなく、2つ目のdoは、「する、行う」という意味で使われているよ。

**これを知ったらワンダフル!**
make many friendsのmanyは、「たくさんの」という意味だよ。ただ、manyは1つ2つと数えられるものにしか使えないんだ。

ぴったり2

# 練習

学習日　　月　　日

**?ぴったりクイズ** 答えはこのページの下にあるよ！

「中学校」は英語でjunior high schoolと言うけど、「高校」は何と言うか分かるかな？

**かきトリ** 英語をなぞり、声に出してみましょう。　できたらチェック！ 書く □ 話す □

□ボランティア活動をする

do volunteer work

□たくさんの友だちをつくる

make many friends

□合唱コンクールで歌う

sing in the chorus contest

□校外見学に行く

go on a field trip

□あなたは何をしたいですか。

What do you want to do?

□わたしは音楽祭を楽しみたいです。

I want to enjoy the music festival.

**ヒント**

volunteer のつづりに注意しよう。アクセントは、後ろを強く読むよ。

▶読み方が分からないときは、左ページにもどって音声を聞いてみましょう。

**やりトリ** 自分が中学校でしたいことを書いて、声に出してみましょう。　できたらチェック！ 書く □ 話す □

What do you want to do?

I want to ＿＿＿＿＿＿＿＿＿＿.

**つたえるコツ**

中学校でしたいことが思いつかないときは、I want to join ～.(わたしは～に入りたいです。)の文で答えてもいいよ。

▶あてはめる英語は、左のページや付録の小冊子、教科書や辞書などから探してみよう！

答える練習ができたら、次は誰かに質問してみよう！

**ぴったりクイズの答え** 「高校」は英語で、high schoolと言うよ。junior high schoolのjuniorは「下位の、下級の」という意味なんだ。

# Unit 8 中学校でしたいことについて話そう①～②

答え 16ページ

**1** 中学校でしたいことについて話しています。音声の内容に合う絵を、下の㋐～㋒から選び、(　　)に記号を書きましょう。 トラック159

技能 1問10点(20点)

㋐

㋑

㋒

(1) (　　　　)　(2) (　　　　)

**2** 中学校でしたいことについて話しています。音声を聞いて、内容に合う絵を線で結びましょう。 トラック160

1問10点(30点)

(1)

Yuki

(2)

Jimmy

(3)

Ann

ふりかえり ❷が分からないときは、90、92ページにもどって確認(かくにん)してみよう。

## 3 日本文に合う英語の文になるように、　　の中から語を選び、　　に書き、文全体をなぞりましょう。

1つ6点(30点)

(1) あなたは何をしたいですか。

(2) 〈(1)に答えて〉わたしは運動会を楽しみたいです。

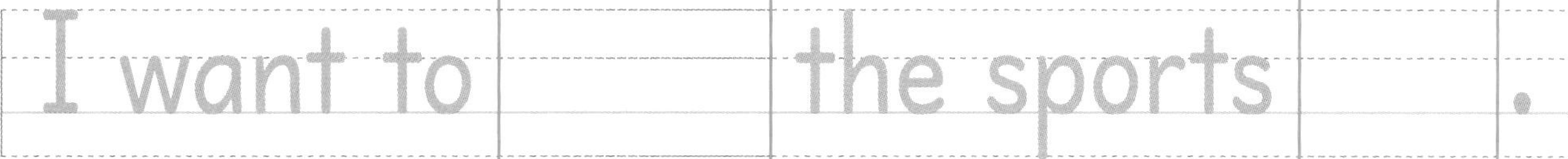


(3) 〈(1)に答えて〉わたしは美術部に入りたいです。

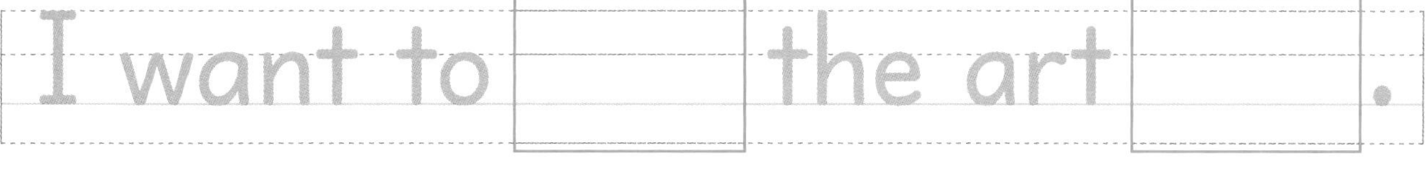


join　day　do　club　enjoy

## 4 ケンとリンダが中学校でしたいことについて話しています。2人の対話が成り立つように、　　の中から正しい英文を選んで(1)と(2)に書きましょう。

思考・判断・表現　1問10点(20点)

I want to enjoy the music festival.

(1)

I want to enjoy the school trip.

(2)

I want to go to Tokyo.　What club do you want to join?

I want to play soccer.　What do you want to do?

この本の終わりにある「春のチャレンジテスト」をやってみよう！

この本の終わりにある「学力診断テスト」をやってみよう！

# パズルにチャレンジ！

**1** 絵に合う英語を３つ見つけて〇でかこみましょう。

| | | | | | | | |
|---|---|---|---|---|---|---|---|
| s | l | r | e | p | y | s | k |
| z | f | u | q | m | l | a | s |
| b | a | n | e | b | a | l | x |
| t | v | y | w | d | e | a | c |
| g | b | m | z | r | i | d | t |
| u | s | o | c | c | e | r | a |

**2** 絵に合う英語になるように、□にアルファベットを書きましょう。

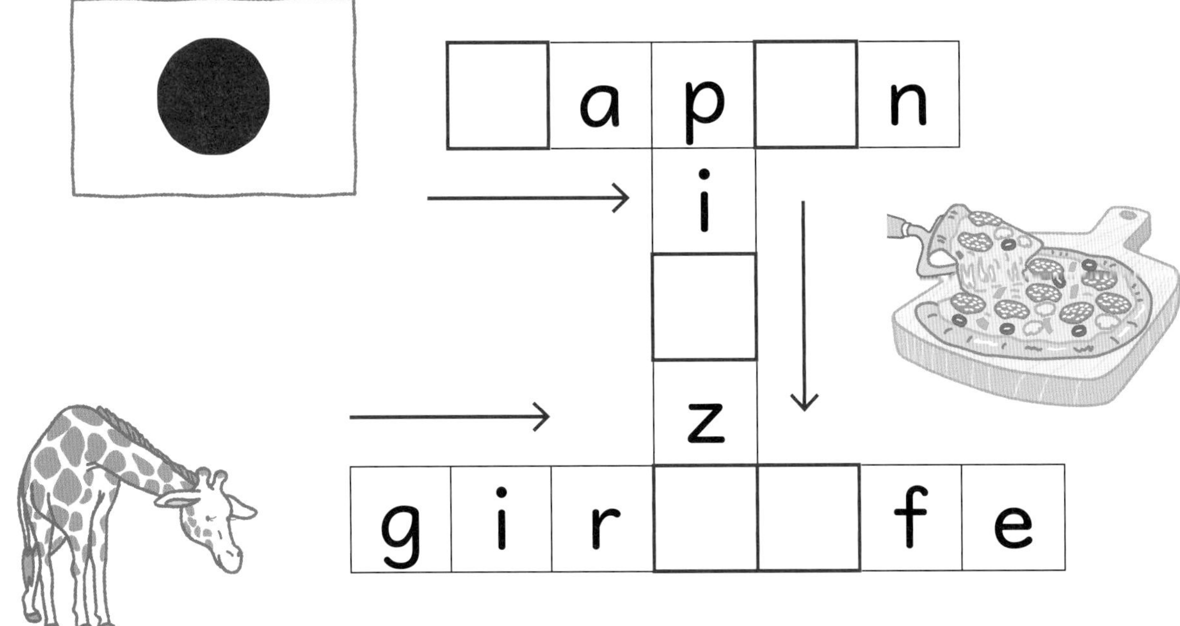


【こたえ】

# スピーキングにチャレンジ

このマークがあるページで、アプリを使うよ！

## はじめに

- この章は、ふろくの専用アプリ「ぴたトレスピーキング」を使用して学習します。以下のストアから「ぴたトレスピーキング」と検索、ダウンロードしてください。

- 学習する学年をえらんだら、以下のアクセスコードを入力してご利用ください。

**675**　※このアクセスコードは学年によって異なります。

- くわしい使い方は、アプリの中の「このアプリについて」をご確認ください。

## アプリのせつめい

- このアプリでは、英語を話す練習ができます。
- 会話のときは、役になりきって、じっさいの会話のようにターンごとに練習することができます。
- スコアは「発音」「よくよう（アクセント）」をもとに判定されます。

## スピーキング紙面のせつめい

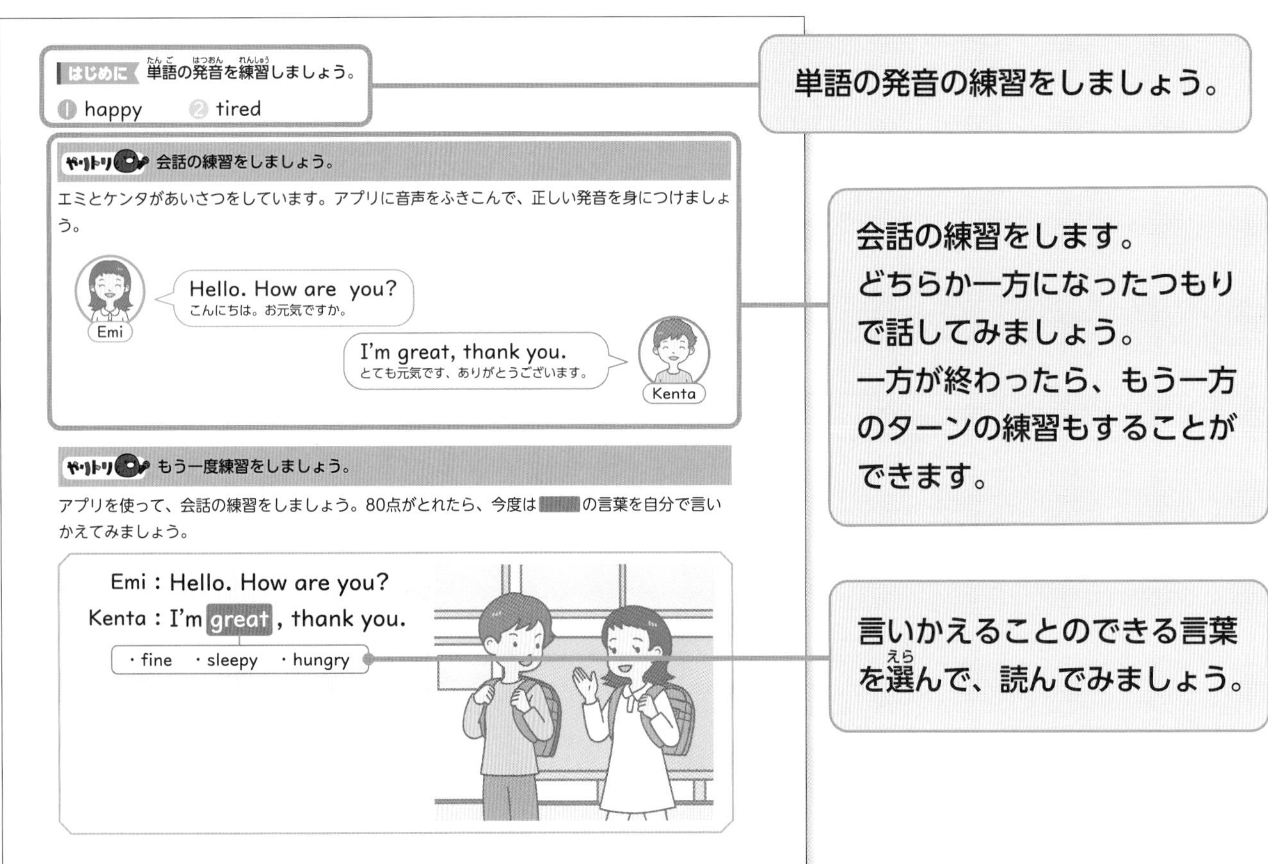


※本サービスの内容により生じたトラブルや損害については、弊社では補償いたしかねます。また、お使いの端末や環境によっては、動作を保障できないものがあります。予めご了承の上、ご利用ください。
※本サービスは無料ですが、通信料・プロバイダ接続料はお客様負担となります。
※サービス内容等は予告なく変更することがございます。
●推奨環境　スマートフォン、タブレット等（iOS16以上/Android11以上）

学習日　　月　　日

# 第1回 自分の大切なものについて言う

**はじめに** 単語の発音を練習しましょう。

❶ fox　　❷ xylophone　　❸ box

## ヤリトリ 会話の練習をしましょう。

エミとケンタがおたがいの宝物について話しています。アプリに音声をふきこんで、正しい発音を身につけましょう。

What is your treasure?
あなたの宝物はなんですか。

My treasure is this glove.
It's from my mother.
わたしの宝物はこのグローブです。わたしのお母さんからのものです。

I see.　Are you good at playing baseball?
なるほど。あなたは野球をするのが得意ですか。

Yes, I am.
はい、そうです。

## ヤリトリ 発表の練習をしましょう。

教室で行われている発表について、エミになったつもりでアプリを使って練習してみましょう。80点がとれたら、今度は■■の言葉を自分で言いかえてみましょう。

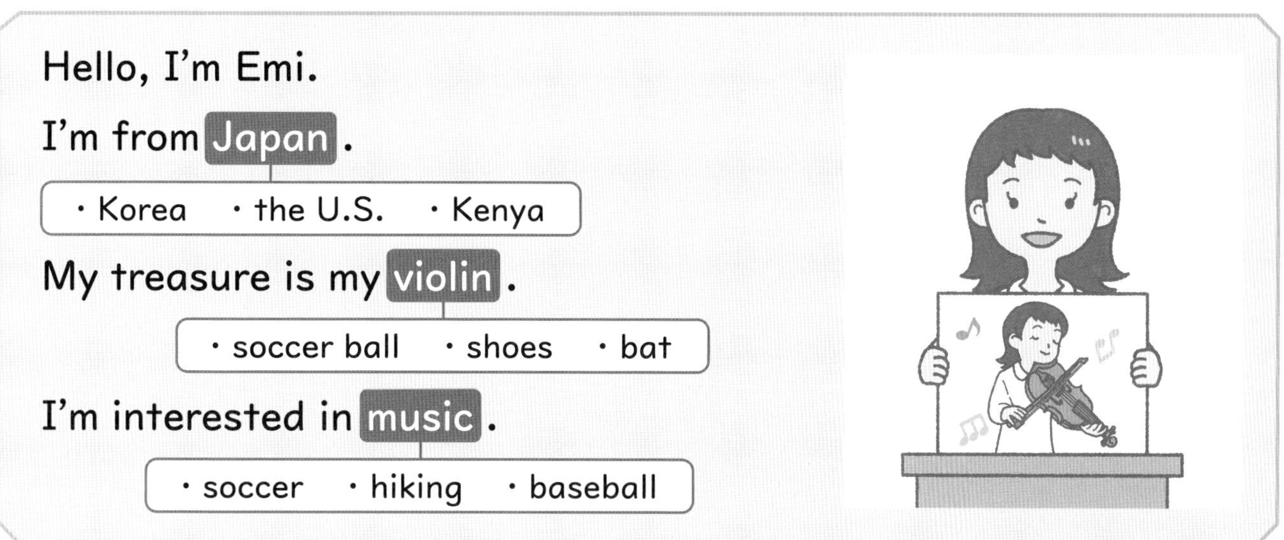

Hello, I'm Emi.

I'm from **Japan**.
・Korea　・the U.S.　・Kenya

My treasure is my **violin**.
・soccer ball　・shoes　・bat

I'm interested in **music**.
・soccer　・hiking　・baseball

学習日　月　日

# 第2回 毎日の日課について言う

スピーキングアプリ

**はじめに** 単語の発音を練習しましょう。

1 cards　2 desks　3 boxes　4 special

**やりトリ** 会話の練習をしましょう。

エミとケンタがいつもの日課について話しています。アプリに音声をふきこんで、正しい発音を身につけましょう。

What time do you usually go to bed?
あなたはふだん何時にねますか。

I usually go to bed at 9:00.
What do you do at 5:00?
わたしはふだん9時にねます。あなたは5時に何をしますか。

I usually walk my dog.
わたしはたいていイヌを散歩させます。

Oh, that's good.
わあ、それはいいですね。

**やりトリ** 発表の練習をしましょう。

教室で行われている発表について、エミになったつもりでアプリを使って練習してみましょう。
80点がとれたら、今度は▇▇▇の言葉を自分で言いかえてみましょう。

This is my daily schedule.

I always get up at **seven**.
・six　・seven thirty　・eight

I usually play tennis at **three**.
・one thirty　・five　・six

I **sometimes** go to bed at 9:30 p.m.
・always　・usually　・never

# 第3回 過去にしたこととその感想を伝える

学習日　　月　　日

はじめに　単語の発音を練習しましょう。

1 favorite　2 enjoyed　3 watched

## やりトリ　会話の練習をしましょう。

エミとケンタが週末したことについて話しています。アプリに音声をふきこんで、正しい発音を身につけましょう。

How was your weekend?
週末はどうでしたか。

It was great. I went to the beach.
とてもよかったです。わたしはビーチにいきました。

Sounds good!
いいですね！

I enjoyed swimming.
泳ぐのを楽しみました。

## やりトリ　発表の練習をしましょう。

教室で行われている発表について、エミになったつもりでアプリを使って練習してみましょう。
80点がとれたら、今度は■の言葉を自分で言いかえてみましょう。

I went to the **park** with my friends.

・restaurant　・department store　・aquarium

I **ate *takoyaki*** there.

・ate curry and rice　・enjoyed shopping　・saw fish

It was fun.

# 第4回 行きたい国とその理由を伝える

学習日 月 日

スピーキングアプリ

**はじめに** 単語の発音を練習しましょう。

1 cool　　2 interesting　　3 visit

**やりトリ** 会話の練習をしましょう。

エミとケンタが行きたい場所について話しています。アプリに音声をふきこんで、正しい発音を身につけましょう。

Where do you want to go?
あなたはどこにいきたいですか。

I want to go to Spain.
わたしはスペインに行きたいです。

Why?
なぜですか。

I can see soccer games.
わたしはサッカーの試合を見ることができます。

**やりトリ** 発表の練習をしましょう。

教室で行われている発表について、エミになったつもりでアプリを使って練習してみましょう。
80点がとれたら、今度は▬▬の言葉を自分で言いかえてみましょう。

Let's go to **the U.S.**

・Australia　・Brazil　・France

You can visit **the statue of liberty**.

・the Sydney Opera House　・the Rio Carnival　・museums

It's **beautiful**.

・amazing　・exciting　・great

# 第5回 生き物について伝える

スピーキングアプリ

**はじめに** 単語の発音を練習しましょう。

1 whale　2 owl　3 ant

**やりトリ** 会話の練習をしましょう。

エミとケンタがライオンについて話しています。アプリに音声をふきこんで、正しい発音を身につけましょう。

Where do lions live?
ライオンはどこにすんでいますか。

Lions live in savanna.
ライオンはサバンナにすんでいます。

What do lions eat?
ライオンは何を食べますか。

Lions eat zebras.
ライオンはシマウマを食べます。

**やりトリ** 発表の練習をしましょう。

教室で行われている発表について、エミになったつもりでアプリを使って練習してみましょう。
80点がとれたら、今度は▇▇の言葉を自分で言いかえてみましょう。

**Bears** live
・Polar bears　・Sea turtles　・Elephants
**in the forests**.
・on the ice　・in the sea　・in savanna
**Forest loss** is a big problem.
・Global warming　・Plastics　・Hunting

# 第6回 一番の思い出を伝える

学習日　　月　　日

スピーキングアプリ

**はじめに** 単語の発音を練習しましょう。

1 volunteer　　2 evacuation drill

**やりトリ** 会話の練習をしましょう。

エミとケンタが学校生活の一番の思い出について話しています。アプリに音声をふきこんで、正しい発音を身につけましょう。

What's your best memory?
あなたの一番の思い出はなんですか。

My best memory is our school trip.
We went to Hokkaido.
We ate delicious seafood.
わたしの一番の思い出は修学旅行です。
わたしたちは北海道に行きました。
わたしたちはおいしい海鮮料理をたべました。

**やりトリ** 発表の練習をしましょう。

教室で行われている発表について、エミになったつもりでアプリを使って練習してみましょう。80点がとれたら、今度は■■の言葉を自分で言いかえてみましょう。

My best memory is our **chorus contest** .

・drama festival　・field trip　・school trip

We **sang songs** .

・played Kaguyahime　・went to a car factory　・saw Mt. Fuji

It was **great** .

・fun　・interesting　・beautiful

学習日　　月　　日

# 第7回 将来の夢を伝える

スピーキングアプリ

**はじめに** 単語の発音を練習しましょう。

① journalist　② researcher　③ astronaut

## やりトリ 会話の練習をしましょう。

エミとケンタが中学で入りたい部活について話しています。アプリに音声をふきこんで、正しい発音を身につけましょう。

What club do you want to join?
あなたは何の部活にはいりたいですか。

I want to join the baseball team.
わたしは野球チームにはいりたいです。

What do you want to be?
あなたは将来何になりたいですか。

I want to be a baseball player.
わたしは野球選手になりたいです。

## やりトリ 発表の練習をしましょう。

教室で行われている発表について、エミになったつもりでアプリを使って練習してみましょう。
80点がとれたら、今度は■■の言葉を自分で言いかえてみましょう。

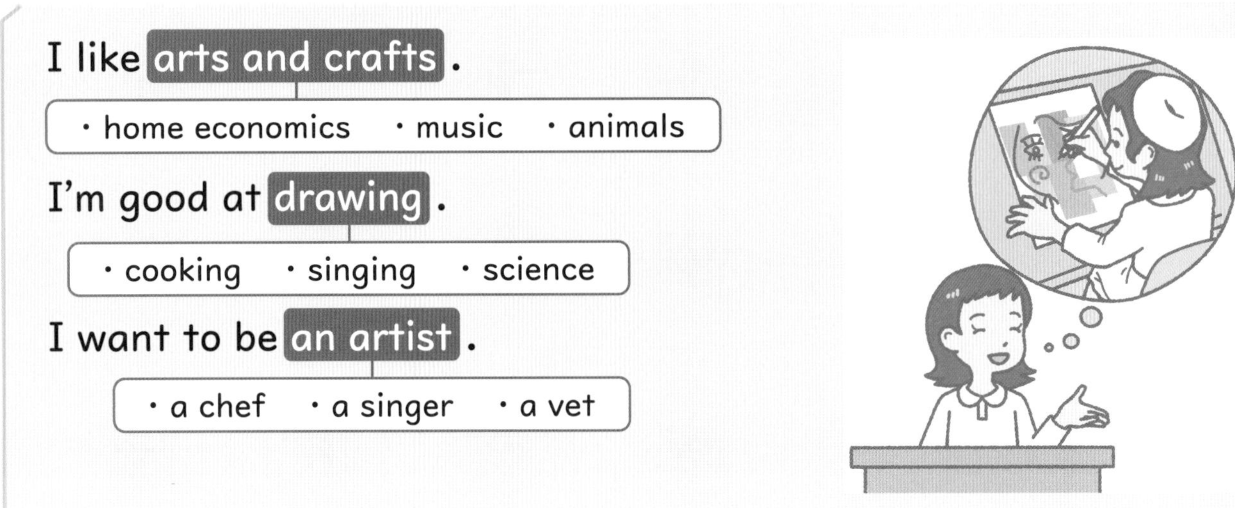

I like **arts and crafts**.
・home economics　・music　・animals

I'm good at **drawing**.
・cooking　・singing　・science

I want to be **an artist**.
・a chef　・a singer　・a vet

## 3 音声を聞き、それぞれの自分の町にあったらいいと思うものとその理由を表す絵を結びましょう。

トラック163　1問完答で5点(15点)

## 4 メニューを見ながら話しているEmmaとKaiの会話を聞いて、質問に日本語で答えましょう。

トラック164　1問5点(10点)

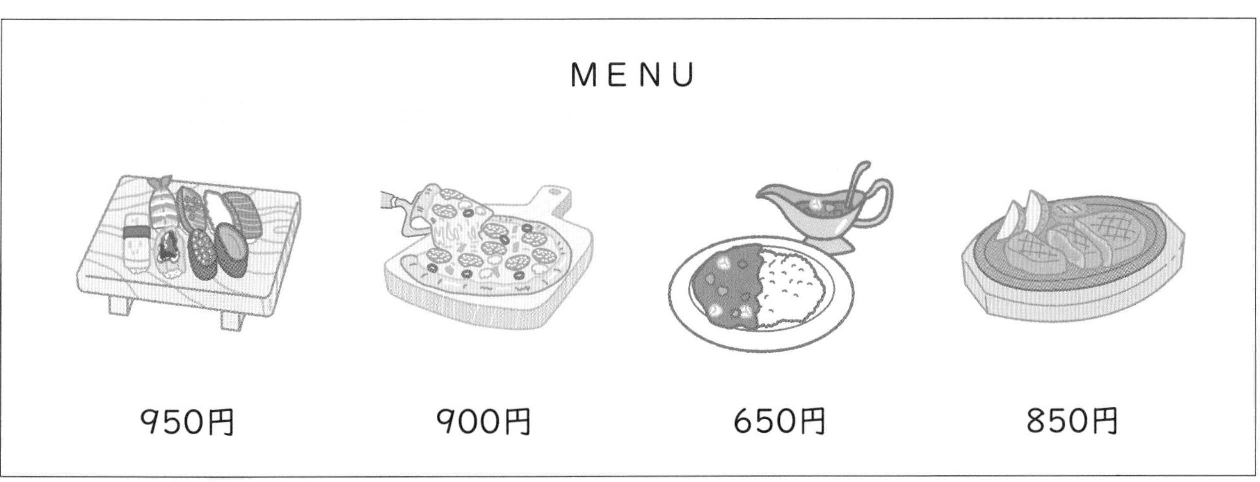


(1) Kaiの好きな食べ物はいくらですか。　(　　　　)

(2) Emmaの好きな食べ物は何ですか。　(　　　　)

（切り取り線）

うらにも問題があります。

知識・技能

## 5 絵を見て、その内容を示す英語を、[　]の中から選んで[　]に書きましょう。

1問5点（15点）

(1)

(2)

(3)

running　August　English

## 6 日本文に合うように、グレーの部分はなぞり、[　]の中から英語を選び、[　]に書きましょう。文の最初の文字は大文字で書きましょう。

1問完答で5点（15点）

(1) ようこそ日本へ。

＿＿＿ to Japan.

(2) わたしたちの町には体育館があります。

We ＿＿＿ a ＿＿＿ in our town.

(3) わたしたちはバスケットボールをすることができます。

We ＿＿＿ ＿＿＿ basketball.

play　gym　can　welcome　have

（切り取り線）

## 7 日本のものをしょうかいしましょう。グレーの部分はなぞり、□の中から正しい英語を選んで□に書きましょう。

1問5点(15点)

(1) This is ＿＿＿＿.

(2) It's ＿＿＿＿.

(3) This is *kabuki*.

It's ＿＿＿＿.

miso soup　　delicious

*soba*　　exciting

## 8 日本文に合うように、グレーの部分はなぞり、□に英語を入れましょう。

1問5点(10点)

(1) わたしは泳ぐことが得意です。

I'm good at ＿＿＿＿.

(2) わたしのたんじょう日は7月2日です。

My birthday is ＿＿＿＿.

(切り取り線)

# 夏のチャレンジテスト

月　日
名前

答え18〜19ページ

知識・技能

**1** 音声の内容に合う絵を下から選び、(　　)に記号を書きましょう。

トラック161　1問4点(8点)

㋐

Hana

㋑

Taiga

㋒

Hana

(1)(　　　)　(2)(　　　)

**2** 会話の内容に合う絵を下から選び、(　　)に記号を書きましょう。

トラック162　1問4点(12点)

(1) ㋐

㋑

㋒
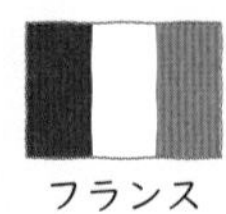


(2) ㋐ 8/13　㋑ 8/30　㋒ 9/20

(3) ㋐

㋑

㋒

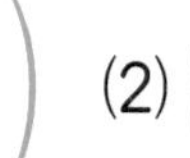

(1)(　　　)　(2)(　　　)　(3)(　　　)

（切り取り線）

## 3 音声を聞き、それぞれの小学校での１番の思い出とその理由を表す絵を結びましょう。

トラック167　1問完答で5点(15点)

(1) 
Yuki

(2) 
Kai

(3) 
Emma

・入学式・
・演劇祭（えんげきさい）・
・マラソン大会・
・校外見学・

## 4 Takumiが夏休みにしたことを発表するため、次のような絵をかきました。質問に日本語で答えましょう。

トラック168　1問5点(10点)

(1) Takumiはどこへ行きましたか。　(　　　　)

(2) Takumiたちは夕食後、テレビで何を見ましたか。　(　　　　)

うらにも問題があります。

（切り取り線）

知識・技能

**5** 絵を見て、その内容を示す英語を、[ ] の中から選んで [ ] に書きましょう。

1問5点(15点)

(1)

(2)

(3)

rainy　lake　mountain

**6** 日本文に合うように、グレーの部分はなぞり、[ ] の中から英語を選び、[ ] に書きましょう。

1問完答で5点(15点)

(1) わたしの夏休みは楽しかったです。

My summer vacation was [ ].

(2) わたしは1さつの英語の本を買いました。

I [ ] an [ ] book.

(3) わたしのお気に入りの学校の思い出は校外見学です。

My [ ] memory of school is the field [ ].

English　trip　fun　favorite　bought

（切り取り線）

思考・判断・表現

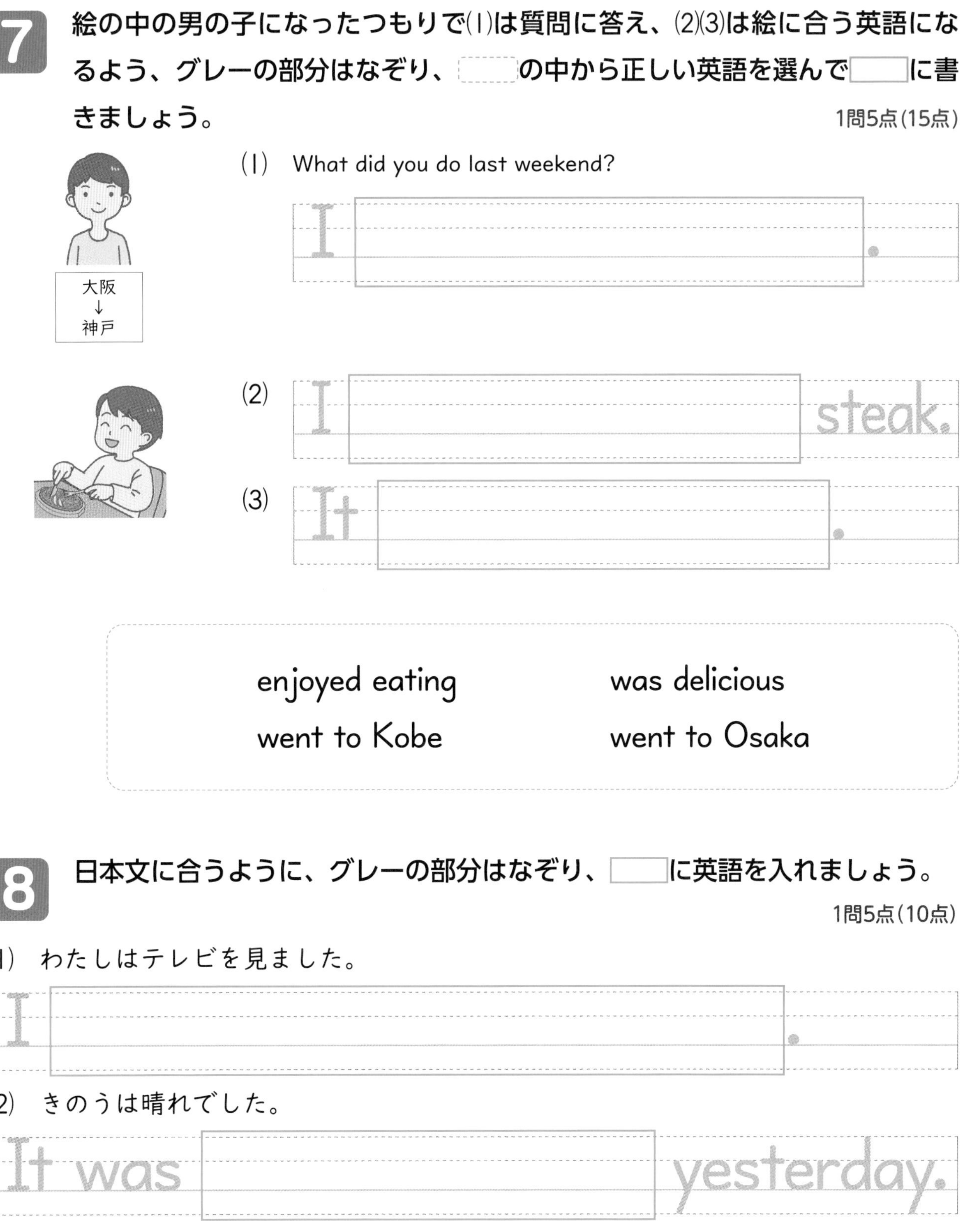

**7** 絵の中の男の子になったつもりで(1)は質問に答え、(2)(3)は絵に合う英語になるよう、グレーの部分はなぞり、[　　]の中から正しい英語を選んで[　　]に書きましょう。

1問5点(15点)



(1) What did you do last weekend?

I ______ .

(2) I ______ steak.

(3) It ______ .

| | |
|---|---|
| enjoyed eating | was delicious |
| went to Kobe | went to Osaka |

**8** 日本文に合うように、グレーの部分はなぞり、[　　]に英語を入れましょう。

1問5点(10点)

(1) わたしはテレビを見ました。

I ______ .

(2) きのうは晴れでした。

It was ______ yesterday.

(切り取り線)

# 冬のチャレンジテスト

月　　日

名前

答え20～21ページ

## 知識・技能

**1** 音声の内容に合う絵を下から選び、（　　）に記号を書きましょう。

1問4点（8点）

㋐ 

㋑ 

㋒ 

(1)（　　　） (2)（　　　）

**2** 会話の内容に合う絵を下から選び、（　　）に記号を書きましょう。

トラック166　1問4点（12点）

(1) ㋐ 

㋑

㋒ 

(2) ㋐ 

㋑ 

㋒ 

(3) ㋐ 

㋑ 

㋒ 

(1)（　　　） (2)（　　　） (3)（　　　）

（切り取り線）

## 3 音声を聞き、それぞれのつきたい職業とその理由を結びましょう。

トラック171　1問完答で5点(15点)

(1) 

Jimmy

自分の兄のように、人を助けたい。

(2) 

Emma

料理が上手

飛行機が大好き

(3) 

Taiga

算数が得意

(切り取り線)

## 4 下のポスターを見ながらMomokaの発表を聞き、質問に日本語で答えましょう。

トラック172　1問完答で5点(10点)

**I want to be ...**

| BOYS | GIRLS |
|---|---|
| 1. | 1. |
| 2. soccer player | 2. nurse |
| 3. doctor | 3. doctor |

(1) 1位～3位は何を表していますか。

(　　　　　　　　　　)

(2) 男子・女子の1位はそれぞれ何ですか。

男子→(　　　　　　)　女子→(　　　　　　)

うらにも問題があります。

知識・技能

**5** 絵を見て、その内容を示す英語を、[ ]の中から選んで[ ]に書きましょう。

1問5点(15点)

(1)

(2)

(3)

chorus　moon　teacher

**6** 日本文に合うように、グレーの部分はなぞり、[ ]の中から英語を選び、[ ]に書きましょう。文の最初の文字は大文字で書きましょう。1問完答で5点(15点)

(1) あなたは中学校で何をしたいですか。

What do you want to [ ] in [ ] high school?

(2) なぜですか。

[ ]?

(3) あなたは何のクラブに入りたいですか。

What [ ] do you want to [ ]?

club　do　join　junior　why



(切り取り線)

**7** 絵の中の女の子になったつもりで、絵に合う英語になるよう、グレーの部分はなぞり、［　］の中から正しい英語を選んで□に書きましょう。 1問5点(15点)

音楽が好きで上手に歌えます。

(1) I want to □.

(2) I □ very much.

(3) I □ well.

be a dentist　　be a singer
can sing　　like music

**8** 日本文に合うように、グレーの部分はなぞり、□に英語を入れましょう。 1問5点(10点)

(1) わたしは理科を勉強したいです。

I want to □.

(2) それはすばらしいですね！(grで始まることばを入れましょう)

That's □!

(切り取り線)

# 春のチャレンジテスト

月　日
名前

時間 40分

| 知識・技能 | 思考・判断・表現 | 合格80点 |
| --- | --- | --- |
| /50 | /50 | /100 |

答え22～23ページ

（切り取り線）

## 知識・技能

## 1 音声の内容に合う絵を下から選び、（　　）に記号を書きましょう。

トラック169　1問4点(8点)

㋐

㋑

㋒

(1)（　　　）
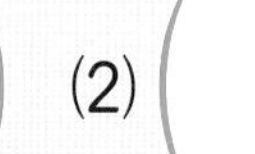
(2)（　　　）

## 2 会話の内容に合う絵を下から選び、（　　）に記号を書きましょう。

トラック170　1問4点(12点)

(1)

㋐

㋑

㋒

(2)

㋐

㋑

㋒

(3)

㋐

㋑

㋒

(1)（　　　）
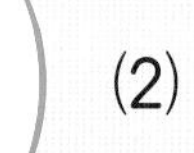
(2)（　　　）　(3)（　　　）

6年 英語のまとめ

# 学力診断(しんだん)テスト

月　日

名前

時間 40分

| 知識・技能 | 思考・判断・表現 | 合格80点 |
|---|---|---|
| /50 | /50 | /100 |

答え24〜25ページ

## 知識・技能

**1** 音声の内容に合う絵を下から選び、(　　)に記号を書きましょう。

トラック173　1問4点(8点)

㋐  なし　㋑  OOCINEMA あり　㋒  あり

(1)(　　) (2)(　　)

**2** 会話の内容に合う絵を下から選び、(　　)に記号を書きましょう。

トラック174　1問4点(12点)

(1) ㋐ 　㋑ 　㋒

(2) ㋐ 　㋑ 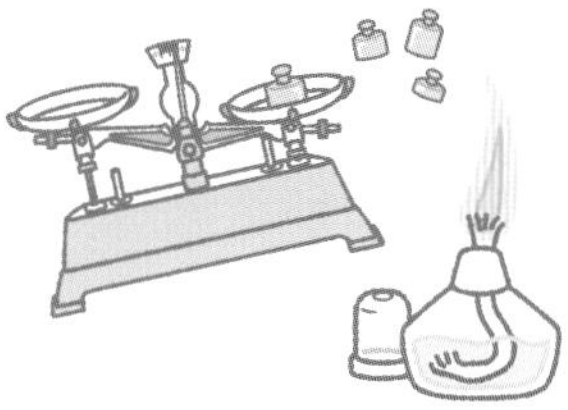　㋒

(3) ㋐ 　㋑ 　㋒

(1)(　　) (2)(　　) (3)(　　)

（切り取り線）

思考・判断・表現

**7** 絵の中の男の子になったつもりで、絵に合う英語になるよう、グレーの部分はなぞり、[　]の中から正しい英語を選んで[　]に書きましょう。 1問5点(15点)

演劇祭

(1) What is your favorite memory of school?

It's the [　　　　].

(2) I [　　　　].

(3) It was [　　　　].

enjoyed acting　　wonderful
drama festival　　music festival

**8** 日本文に合うように、グレーの部分はなぞり、[　]に英語を入れましょう。
1問5点(10点)

(1) わたしは英語の先生になりたいです。

I want to [　　　　].

(2) わたしは上手に泳ぐことができます。

I can [　　　　].

(切り取り線)

**5** 絵を見て、その内容を示す英語を、[ ]の中から選んで[ ]に書きましょう。

1問5点(15点)

did　zoo　want　went　do



(切り取り線)

## 3 音声を聞き、それぞれが中学生になったらしたいことを結びましょう。

トラック175　1問5点(15点)

(1) 

Sophie

(2) 
Jiro

(3) 
Sakura

（切り取り線）

## 4 下のグラフを見ながら女の子の発表を聞き、質問に日本語で答えましょう。

トラック176　1問5点(10点)

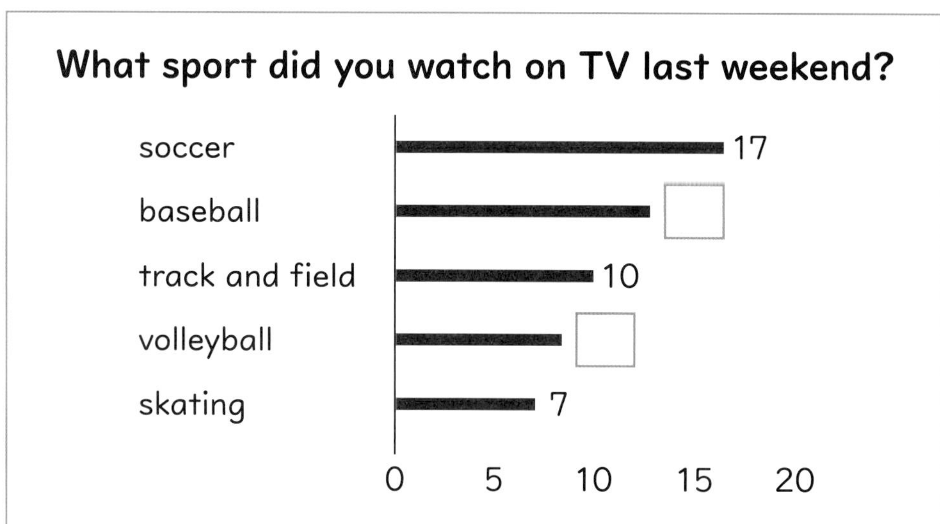


(1)　2位のbaseballは何人の生徒が見ましたか。　（　　　　）

(2)　4位のvolleyballは何人の生徒が見ましたか。　（　　　　）

うらにも問題があります。

教科書ぴったりトレーニング

# 丸つけラクラク解答

全教科書版
英語6年

この「丸つけラクラク解答」は
とりはずしてお使いください。

「丸つけラクラク解答」では問題と同じ紙面に、赤字で答えを書いています。

①問題がとけたら、まずは答え合わせをしましょう。

②まちがえた問題やわからなかった問題は、てびきを読んだり、教科書を読み返したりしてもう一度見直しましょう。

おうちのかたへ では、次のようなものを示しています。

- 学習のねらいやポイント
- 他の学年や他の単元の学習内容とのつながり
- まちがいやすいことやつまずきやすいところ

お子様への説明や、学習内容の把握などにご活用ください。

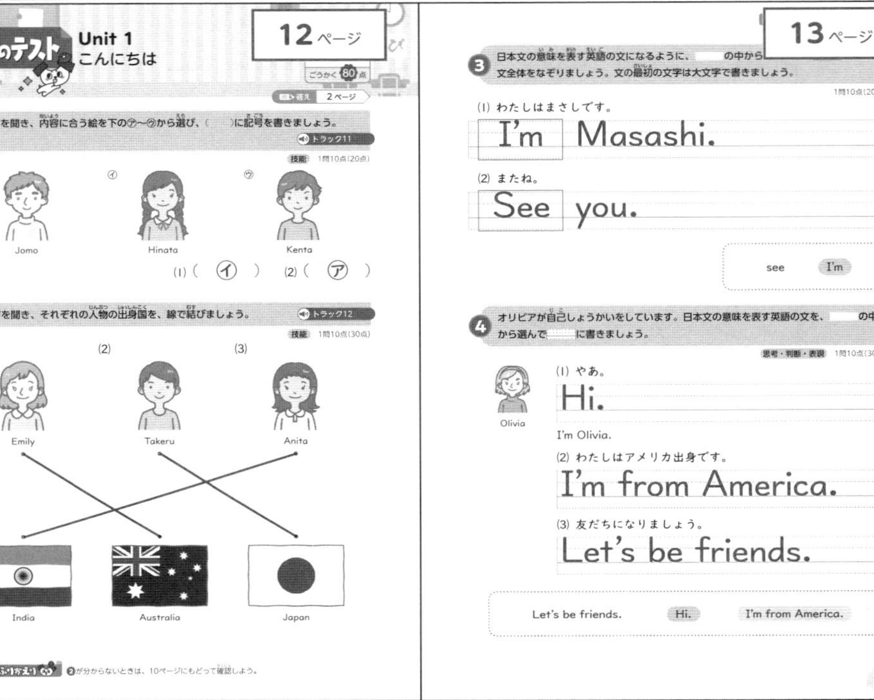

12ページ

ぴったり3 たしかめのテスト Unit 1 こんにちは

ごうかく80点 100 答え 2ページ

1 音声を聞き、内容に合う絵を下の㋐～㋒から選び、（　）に記号を書きましょう。 トラック11 技能 1問10点(20点)

Jomo Hinata Kenta

(1)（㋑）(2)（㋐）

2 音声を聞き、それぞれの人物の出身国を、線で結びましょう。 トラック12 技能 1問10点(30点)

(1) Emily (2) Takeru (3) Anita

India Australia Japan

12 ふりかえり ❶が分からないときは、10ページにもどって確認しよう。

13ページ

3 日本文の意味を表す英語の文になるように、　の中から語を選び、文全体をなぞりましょう。文の最初の文字は大文字で書きましょう。 1問10点(20点)

(1) わたしはまさしです。
I'm Masashi.

(2) またね。
See you.

see I'm

4 オリビアが自己しょうかいをしています。日本文の意味を表す英語の文を、　の中から選んで　に書きましょう。 思考・判断・表現 1問10点(30点)

Olivia

(1) やあ。
Hi.

I'm Olivia.

(2) わたしはアメリカ出身です。
I'm from America.

(3) 友だちになりましょう。
Let's be friends.

Let's be friends. Hi. I'm from America.

13

読まれる英語

❶ (1)Hello! I'm Hinata.
(2)Hi. I'm Jomo.

❷ (1)I'm Emily. I'm from Australia.
(2)I'm Takeru. I'm from Japan.
(3)Hello. I'm Anita. I'm from India.

おうちのかたへ

このユニットではあいさつや自分の名前と出身国の伝え方を練習しました。日常生活でお子さまとHi.やSee you.などのあいさつを交わしたり、簡単な自己紹介をしあったりして、英語に触れる時間をとってみてください。

❶ Hello.(こんにちは。)やHi.(やあ。)というあいさつのあとに、I'm ～.(わたしは～です。)と名前が読まれます。I'mのあとの名前に注意して聞き取りましょう。

❷ I'm from ～.(わたしは～出身です。)と出身国を伝える英語が読まれます。fromのあとの国を表す言葉に注意して聞き取りましょう。

❸ 名前を伝える表現と、別れのあいさつを練習しましょう。See you.(またね。)は人と別れるときに使うあいさつです。

❹ 自己しょうかいをするときは、はじめにあいさつをして、名前や出身国を伝えます。最後にLet's be friends.(友だちになりましょう。)などと言うのもよいでしょう。

読まれる英語

おうちのかたへ

見やすい答え

くわしいてびき



※紙面はイメージです。

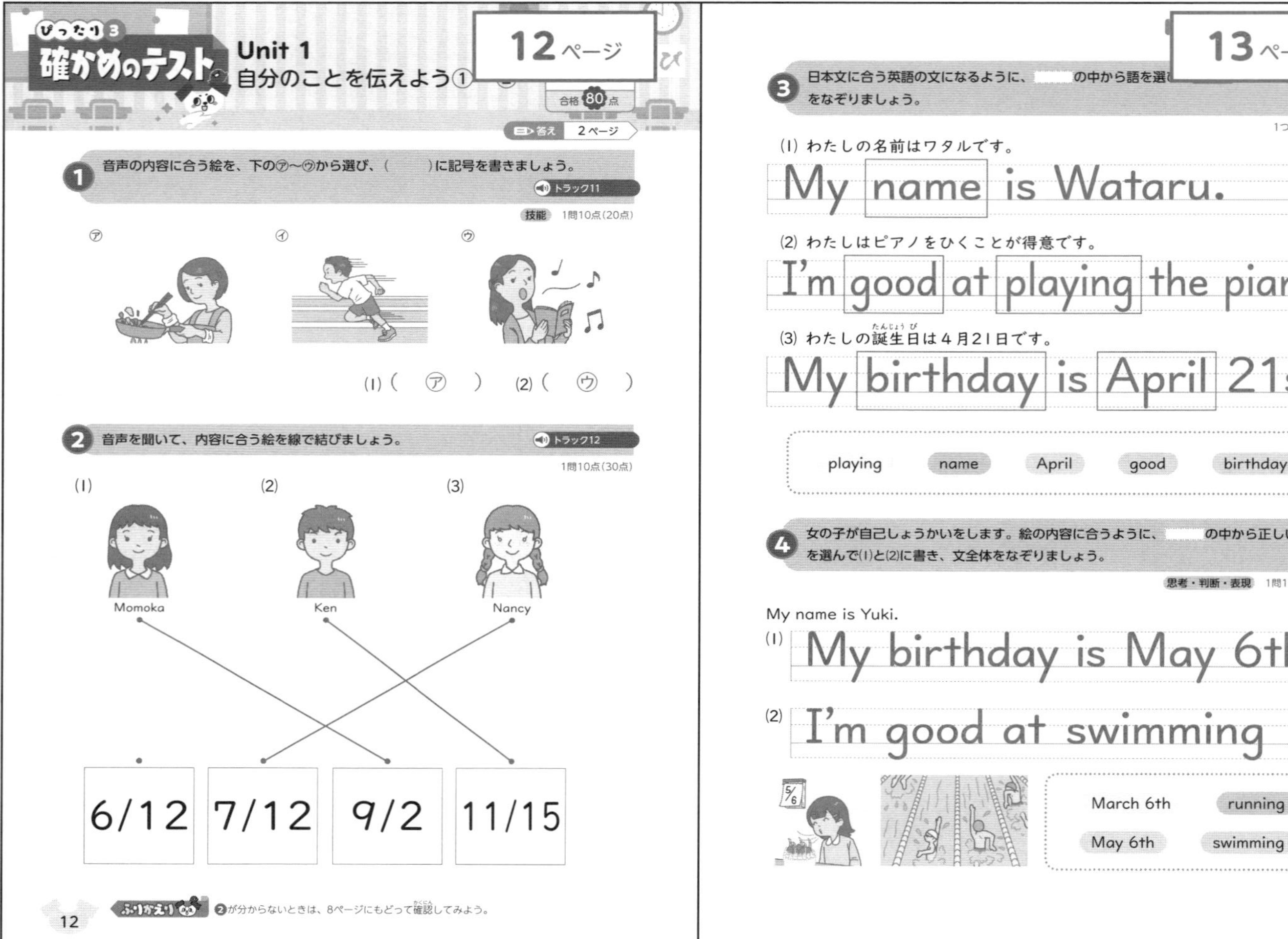


1 (1) I can cook well. は「わたしはじょうずに料理することができます。」という意味です。

(2) I'm good at singing. は「わたしは歌うことが得意です。」という意味です。

2 それぞれの名前と誕生日を注意して聞き取りましょう。特に数字はしっかり聞くようにしましょう。

(1) September 2nd(second)は9月2日です。

(2) November 15th(fifteenth)は11月15日です。

(3) July 12th(twelfth)は7月12日です。

3 (2)「わたしは～することが得意です。」は、I'm good at ～ing. で表します。

4 (1) 日めくりの日付が5/6なので、ユキの誕生日はMay 6thとなります。

(2) 泳いでいる絵があるので、ユキが得意なのはswimming「泳ぐこと」です。

**読まれる英語**

1 (1) I can cook well.

(2) I'm good at singing.

2 (1) モモカ：My name is Momoka. My birthday is September 2nd.

(2) ケン：My name is Ken. My birthday is November 15th.

(3) ナンシー：My name is Nancy. My birthday is July 12th.

**おうちのかたへ**

ここでは、5年生で学んだことをテストで確認しました。自己紹介をするための、あいさつと名前・誕生日・得意なことの伝え方がしっかり理解できているでしょうか。

お子さんに自己紹介をしてもらったら、おうちのかたもお子さんに向かって自己紹介をしてみてください。

ぴったり3 確かめのテスト Unit 1 自分のことを伝えよう③

20ページ

合格80点　答え 3ページ

**1** 音声の内容に合う絵を、下の㋐～㋒から選び、(　)に記号を書きましょう。　トラック27

技能 1問10点(20点)

㋐ ㋑ ㋒

(1)( ㋒ ) (2)( ㋑ )

**2** 音声を聞いて、内容に合う絵を線で結びましょう。　トラック28

1問10点(30点)

(1) Emi (2) Ryo (3) Mary

ふりかえり ②が分からないときは、16ページにもどって確認してみよう。

20

21ページ

**3** 日本文に合う英語の文になるように、　の中から語を選んでなぞりましょう。文の最初の文字は大文字で書きましょう。

1つ6点(30点)

(1) こちらはモモカです。

This is Momoka.

(2) 彼女(かのじょ)は活発です。

She is active.

(3) わたしはバナナがほしいです。

I want bananas.

want　she　bananas　this　active

**4** 絵の内容に合うように、男の子をしょうかいしましょう。　の中から正しい英文を選んで(1)と(2)に書きましょう。

思考・判断・表現 1問10点(20点)

(1) This is Ken.

(2) He is strong.

Ken

This is Ken.　This is Eri.
He is strong.　She is strong.

21

**1** (1) I like ～. は「わたしは～が好きです。」という意味です。

(2) I have ～ on Monday. は「月曜日に～があります。」という意味です。

**2** (1) エミは野球の試合を見たいと言っています。

(2) リョウはカレーを食べたいと言っています。

(3) メアリーはパンダを見たいと言っています。

**3** (1)「こちらは～です。」はThis is ～.で表します。

(2)「彼女(かのじょ)は」はsheです。

(3)「～がほしいです」はwantで表します。

**4** (1) 名前がKenなので、This is Ken.「こちら[これ]はケンです。」としょうかいします。

(2) 男の子なので、He is strong.「彼(かれ)は強いです。」を選びます。

### 読まれる英語

**1** (1)I like books.

(2)I have science on Monday.

**2** (1)エミ：My name is Emi.  I want to watch a baseball game.

(2)リョウ：My name is Ryo.  I want to eat curry.

(3)メアリー：My name is Mary.  I want to see pandas.

### おうちのかたへ

引き続き５年生で学んだことをテストで確認しました。This is ～. とhe、sheを用いて人を紹介したり、I want to ～. で自分のしたいことを伝えたり、I like ～. / I have ～. / I want ～. を用いていろいろなことを伝えたりすることができているでしょうか。

お子さんといっしょに今回学んだ表現を使って、友達や自分のことを伝え合ってみてください。

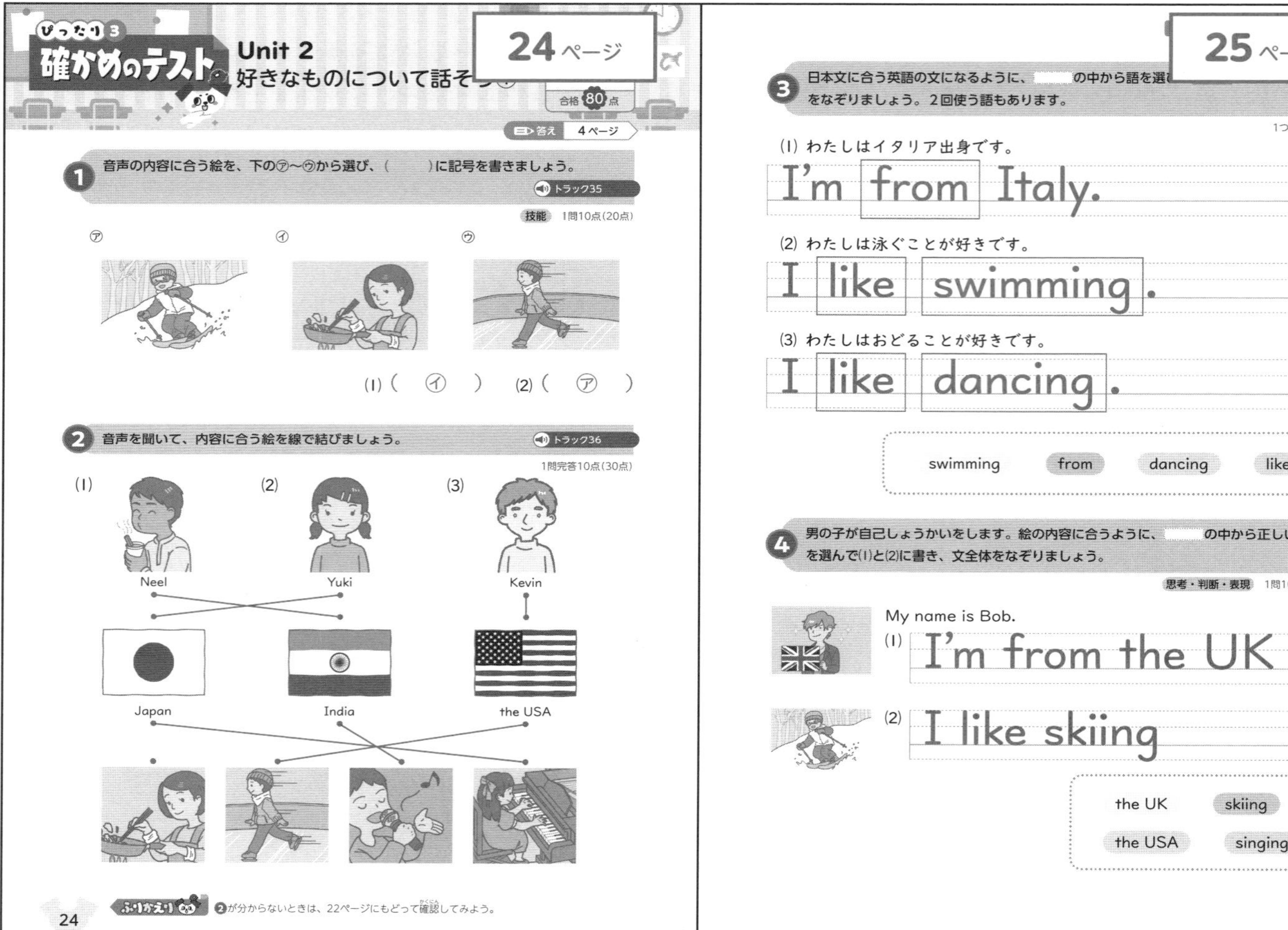

ぴったり3 確かめのテスト
Unit 2 好きなものについて話そう

24ページ

合格80点　答え 4ページ

1 音声の内容に合う絵を、下の㋐～㋒から選び、(　)に記号を書きましょう。 トラック35　技能 1問10点(20点)

㋐ ㋑ ㋒

(1) ( ㋑ )　(2) ( ㋐ )

2 音声を聞いて、内容に合う絵を線で結びましょう。 トラック36　1問完答10点(30点)

(1) Neel　(2) Yuki　(3) Kevin

Japan　India　the USA

ふりかえり 2が分からないときは、22ページにもどって確認してみよう。

24

25ページ

3 日本文に合う英語の文になるように、　　の中から語を選んでなぞりましょう。2回使う語もあります。 1つ6点(30点)

(1) わたしはイタリア出身です。
I'm from Italy.

(2) わたしは泳ぐことが好きです。
I like swimming.

(3) わたしはおどることが好きです。
I like dancing.

swimming　from　dancing　like

4 男の子が自己しょうかいをします。絵の内容に合うように、　　の中から正しい英語を選んで(1)と(2)に書き、文全体をなぞりましょう。 思考・判断・表現 1問10点(20点)

My name is Bob.
(1) I'm from the UK.
(2) I like skiing.

the UK　skiing　the USA　singing

25

読まれる英語

1 (1)I like cooking.
(2)I like skiing.

2 (1)ニール：My name is Neel.  I'm from India.
I like singing.
(2)ユキ：My name is Yuki.  I'm from Japan.
I like playing the piano.
(3)ケビン：My name is Kevin.  I'm from the USA.  I like skating.

おうちのかたへ

ここでは、自己紹介をするために出身地と好きなことを伝えることを学びました。

また、いろいろな国の名前も出てきました。英語の発音がカタカナで示す国名とはだいぶ違うので、その違いを楽しみながら学ぶように導いてみてください。

そしてI'm from ～. とI like ～ing. の形をいろいろな語を入れて、何度も言う練習をするようにしてください。

1 I like ～ing. は「わたしは～することが好きです。」という意味です。(1)はcooking「料理すること」、(2)はskiing「スキーをすること」です。

2 (1) ニールはインド出身で、歌うことが好きだと言っています。

(2) ユキは日本出身で、ピアノをひくことが好きだと言っています。

(3) ケビンはアメリカ出身で、スケートをすることが好きだと言っています。

3 (1)「わたしは～出身です。」はI'm from ～.です。

(2)「泳ぐこと」はswimmingでmを重ねます。

(3)「おどること」はdancing です。

4 (1) 国旗から、出身はthe UK「イギリス」です。

(2) スキーをしているので、skiingです。

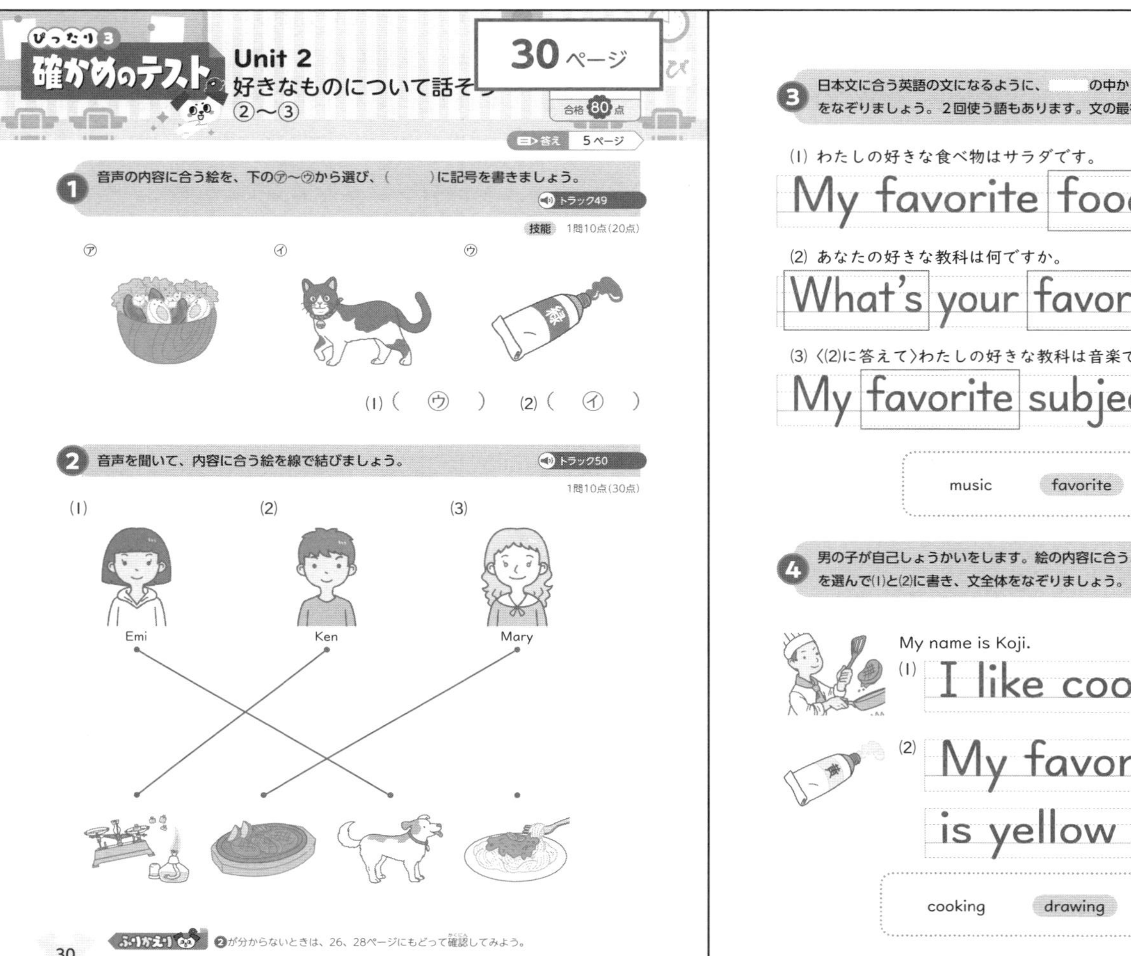


## 読まれる英語

1 (1) My favorite color is green.
(2) My favorite animal is a cat.

2 (1) 男の子：Emi, what's your favorite animal?
エミ：My favorite animal is a dog.
(2) 女の子：What's your favorite subject, Ken?
ケン：My favorite subject is science.
(3) メアリー：My name is Mary. My favorite food is steak.

## おうちのかたへ

ここでは、好きなスポーツ、教科、動物、色、食べ物についてのやりとりを学びました。

お子さんにWhat's your favorite ～? でそれぞれのジャンルの好きなものをたずねてみてください。お子さんからも質問してもらい、おうちのかたが答えるという練習も効果的です。

1 My favorite ～ is ... . は「わたしの好きな～は…です。」という意味です。(1)は好きな色が緑、(2)は好きな動物がネコと言っています。

2 (1) エミは好きな動物は何かとたずねられ、イヌと答えています。
(2) ケンは好きな教科は何かとたずねられ、理科と答えています。
(3) 好きな食べ物はステーキだと言っています。

3 (1)「食べ物」はfoodです。
(2) What's your favorite ～? は「あなたの好きな～は何ですか。」という意味です。What'sはWhat isを短くした形です。「好きな～」はfavoriteです。

4 (1) I like ～ing. は「わたしは～することが好きです。」という意味です。
(2) My favorite color is ～. は「わたしの好きな色は～です。」という意味です。

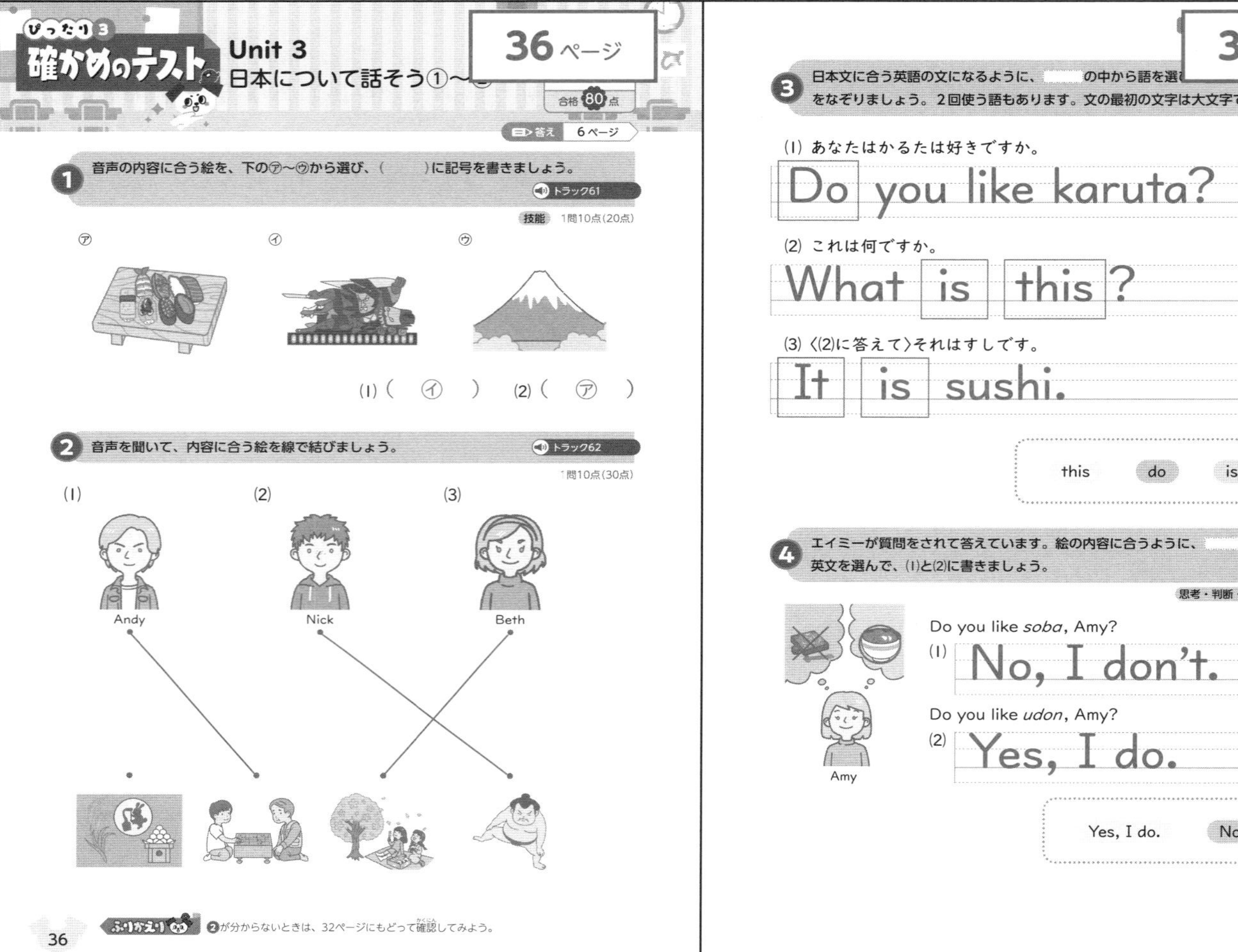

ぴったり3 確かめのテスト

Unit 3 日本について話そう①〜③

36ページ

合格80点

答え 6ページ

1 音声の内容に合う絵を、下の㋐〜㋒から選び、（　）に記号を書きましょう。 トラック61

技能 1問10点(20点)

㋐ ㋑ ㋒

(1)（ ㋑ ） (2)（ ㋐ ）

2 音声を聞いて、内容に合う絵を線で結びましょう。 トラック62

1問10点(30点)

(1) (2) (3)

Andy Nick Beth

ふりかえり 2が分からないときは、32ページにもどって確認してみよう。

36

37ページ

3 日本文に合う英語の文になるように、　の中から語を選び、をなぞりましょう。2回使う語もあります。文の最初の文字は大文字で書きましょう。

1つ6点(30点)

(1) あなたはかるたは好きですか。

Do you like karuta?

(2) これは何ですか。

What is this?

(3) 〈(2)に答えて〉それはすしです。

It is sushi.

this do is it

4 エイミーが質問をされて答えています。絵の内容に合うように、　の中から正しい英文を選んで、(1)と(2)に書きましょう。

思考・判断・表現 1問10点(20点)

Do you like *soba*, Amy?

(1) No, I don't.

Do you like *udon*, Amy?

(2) Yes, I do.

Amy

Yes, I do. No, I don't.

37

読まれる英語

1 (1)男の子：What is this?

女の子：It is Nebuta Festival.

(2)女の子：What is this?

男の子：It is *sushi*.

2 (1)女の子：Do you like *shogi*, Andy?

アンディ：Yes, I do.

(2)女の子：Do you like *sumo*, Nick?

ニック：Yes, I do.

(3)男の子：Do you like *tsukimi*, Beth?

ベス：No, I don't.　I like *hanami*.

おうちのかたへ

ここでは、あるものを相手が好きかどうかをたずねる表現と、目の前にあるものが何かをたずねる表現を学びました。

いろいろなものを用意して、お子さんに「～は好き？」「これは何？」という問いかけをしてください。お子さんが慣れてきたら、今度はお子さんに質問してもらうとよいでしょう。

1 What is this? のthisは「これは」という意味で、答えるときはitに置きかえられ、It is ～.となり、「それは～です。」という文で表します。

2 Do you like ～? は「あなたは～は好きですか。」という意味で、Yes, I do.またはNo, I don't.で答えます。

(1) アンディ、あなたはしょうぎは好きですか。

(2) ニック、あなたはすもうは好きですか。

(3) ベス、あなたは月見は好きですか。

3 (1) 文の最初の文字は、大文字で書くことに注意しましょう。「あなたは～は好きですか。」はDo you like ～?で表します。

(2)(3)「これは」はthisで表します。答えるときはthisをit「それは」にかえて答えます。

4 Do you ～?の文には、Yes, I do.またはNo, I don't.と、doを使って答えます。

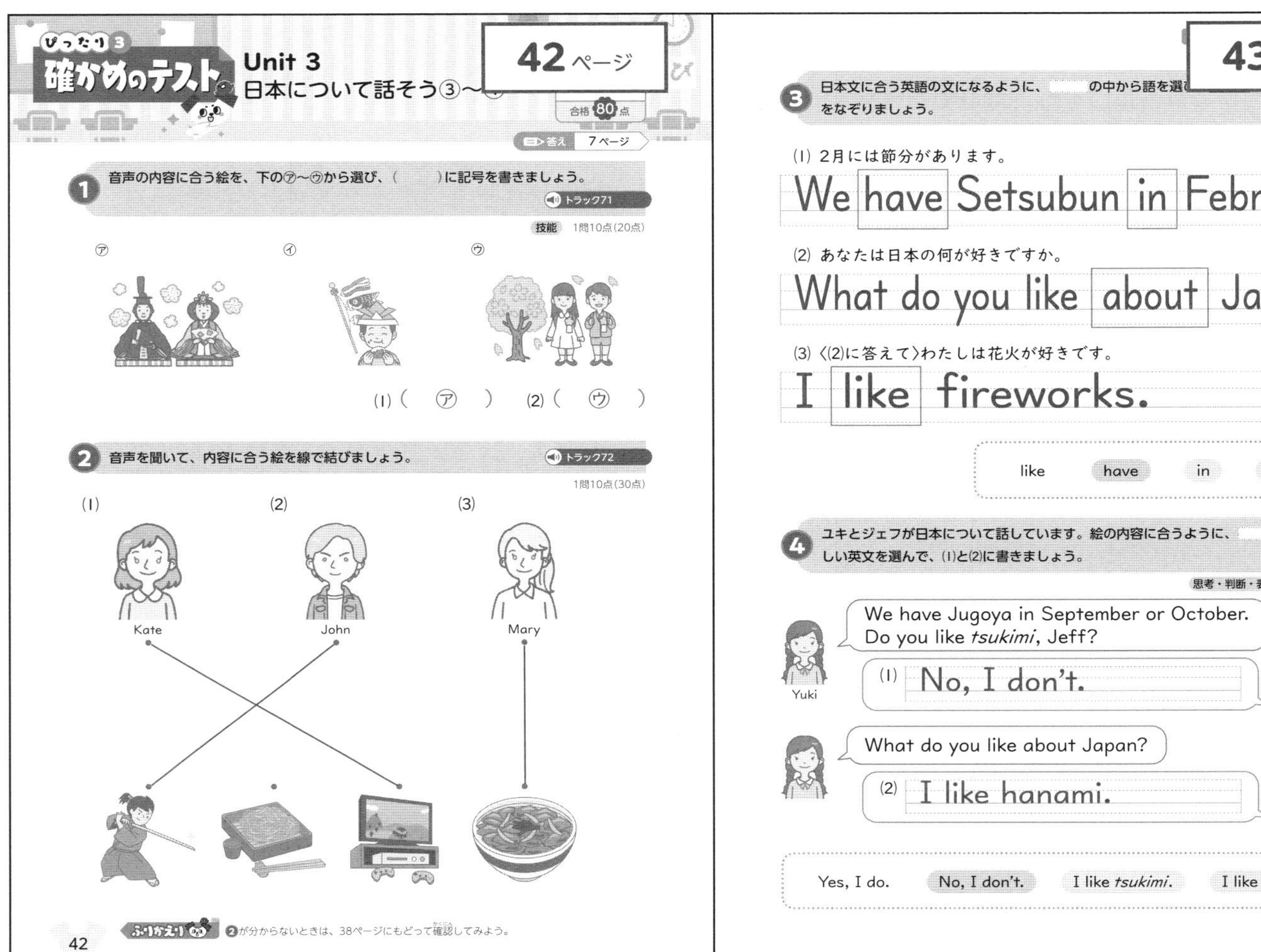
42ページ

ぴったり3 確かめのテスト Unit 3 日本について話そう③〜

合格80点 答え 7ページ

1 音声の内容に合う絵を、下の㋐〜㋒から選び、（　）に記号を書きましょう。 トラック71

技能 1問10点(20点)

(1)（㋐） (2)（㋒）

2 音声を聞いて、内容に合う絵を線で結びましょう。 トラック72

1問10点(30点)

(1) Kate (2) John (3) Mary

ふりかえり 2が分からないときは、38ページにもどって確認してみよう。

42

43ページ

3 日本文に合う英語の文になるように、　　の中から語を選んでなぞりましょう。

1つ8点(32点)

(1) 2月には節分があります。

We have Setsubun in February.

(2) あなたは日本の何が好きですか。

What do you like about Japan?

(3) 〈(2)に答えて〉わたしは花火が好きです。

I like fireworks.

like　have　in　about

4 ユキとジェフが日本について話しています。絵の内容に合うように、　　の中から正しい英文を選んで、(1)と(2)に書きましょう。

思考・判断・表現 1問9点(18点)

Yuki: We have Jugoya in September or October. Do you like *tsukimi*, Jeff?

Jeff: (1) No, I don't.

Yuki: What do you like about Japan?

Jeff: (2) I like hanami.

Yes, I do.　No, I don't.　I like *tsukimi*.　I like *hanami*.

43

## 読まれる英語

1 (1)We have the Doll Festival in March.

(2)We have an entrance ceremony in April.

2 (1)男の子：What do you like about Japan, Kate?

ケイト：I like computer games.

(2)女の子：What do you like about Japan, John?

ジョン：I like *samurai*.

(3)男の子：What do you like about Japan, Mary?

メアリー：I like beef bowls.

## おうちのかたへ

ここでは、日本にあるもの、行事などをWe have ～.「～があります。」を使って表したり、日本の好きなものをたずねたりする表現を学びました。

お子さんと、We have ～.という表現を繰り返し使ってみましょう。また、日本や地域の好きなものをお互いたずね合ったり、答え合ったりしてみてください。

1 We have ～.を使って、ものや行事などについて「(わたしたちには)～があります。」という意味を表します。

(1) 3月にはひな祭りがあります。

(2) 4月には入学式があります。

2 What do you like about Japan?は「日本について何が好きですか。」という意味から、「日本の何が好きですか。」という意味を表します。(1)ゲームが好きです。(2)さむらいが好きです。(3)牛丼が好きです。

3 (1) We have ～.を使って「～があります。」という文を作ります。

(2)「～について」という意味の語aboutを使って、「日本の何が好きですか。」という文を作ります。

4 (1) Do you ～?の文には、Yes, I do. またはNo, I don't.と、doを使って答えます。

(2)「私は～が好きです。」はI like ～.で表します。

## 48ページ

ぴったり3 確かめのテスト Unit 4 町・地域（ちいき）について話そう ①〜②

合格80点　答え 8ページ

❶ 音声の内容に合う絵を、下の㋐〜㋒から選び、（　）に記号を書きましょう。 トラック81　技能　1問10点(20点)

㋐　㋑　㋒

(1)（ ㋐ ）　(2)（ ㋒ ）

❷ 音声を聞いて、内容に合う絵を線で結びましょう。 トラック82　1問10点(30点)

(1) Miki　(2) David　(3) Jane

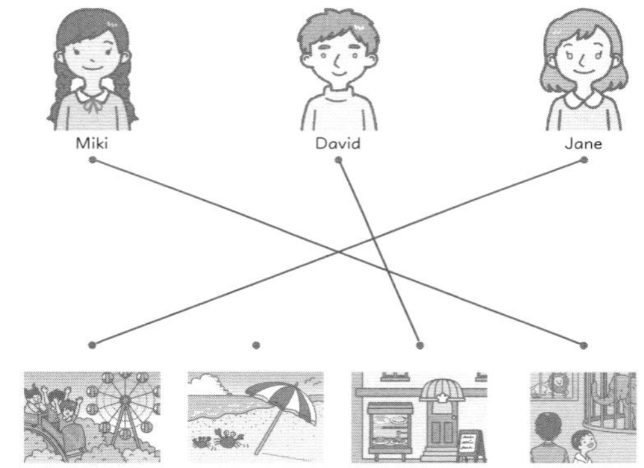

ふりかえり ❷が分からないときは、44、46ページにもどって確認してみよう。

48

## 49ページ

❸ 日本文に合う英語の文になるように、　の中から語を選んでなぞりましょう。 1問10点(30点)

(1) わたしの好きな場所は城です。

My favorite place [is] the castle.

(2) あなたはわたしたちの町に何がほしいですか。

What [do] you want in our town?

(3) 〈(2)に答えて〉わたしは美術館がほしいです。

I [want] a museum.

do　want　is

❹ メイとリョウが自分たちの町について話しています。2人の対話が成り立つように、　の中から正しい英文を選んで、(1)と(2)に書きましょう。 思考・判断・表現　1問10点(20点)

May: What's your favorite place?

Ryo: (1) My favorite place is the library.

May: What do you want in our town?

Ryo: (2) I want a movie theater.

I want a library.　I want a movie theater.　My favorite place is the library.

49

### 読まれる英語

❶ (1)男の子：What's your favorite place?
女の子：My favorite place is the beach.
(2)女の子：What do you want in our town?
男の子：I want a stadium.

❷ (1)男の子：What's your favorite place, Miki?
ミキ：My favorite place is the zoo.
(2)女の子：What do you want in our town, David?
デイビッド：I want a restaurant.
(3)男の子：What do you want in our town, Jane?
ジェーン：I want an amusement park.

### おうちのかたへ

ここでは、好きな場所や、町にほしいと思っているものについてたずねたり、答えたりする表現を学びました。
町の地図などを作りながら、お子さんと好きな場所を言い合ったり、ほしいと思っているもの、施設などをたずね合ったりしてください。

❶❷ What's your favorite place?は相手の好きな場所をたずねる文。What do you want in our town?は、相手が町にあったらいいなと思っているものをたずねる文です。それぞれ施設（しせつ）や場所を表す語を聞き取りましょう。

❶ (1) 海辺　(2) 球場

❷ (1) 動物園　(2) レストラン　(3) 遊園地

❸ (1)「〜です」の文ではisを使います。
(2)「〜がほしいですか」の文ではdoを使います。
(3)「〜がほしい」という文ではwantを使います。

❹ (1) あなたの好きな場所は何ですか。
わたしの好きな場所は図書館です。
(2) あなたはわたしたちの町に何がほしいですか。
わたしは映画館がほしいです。

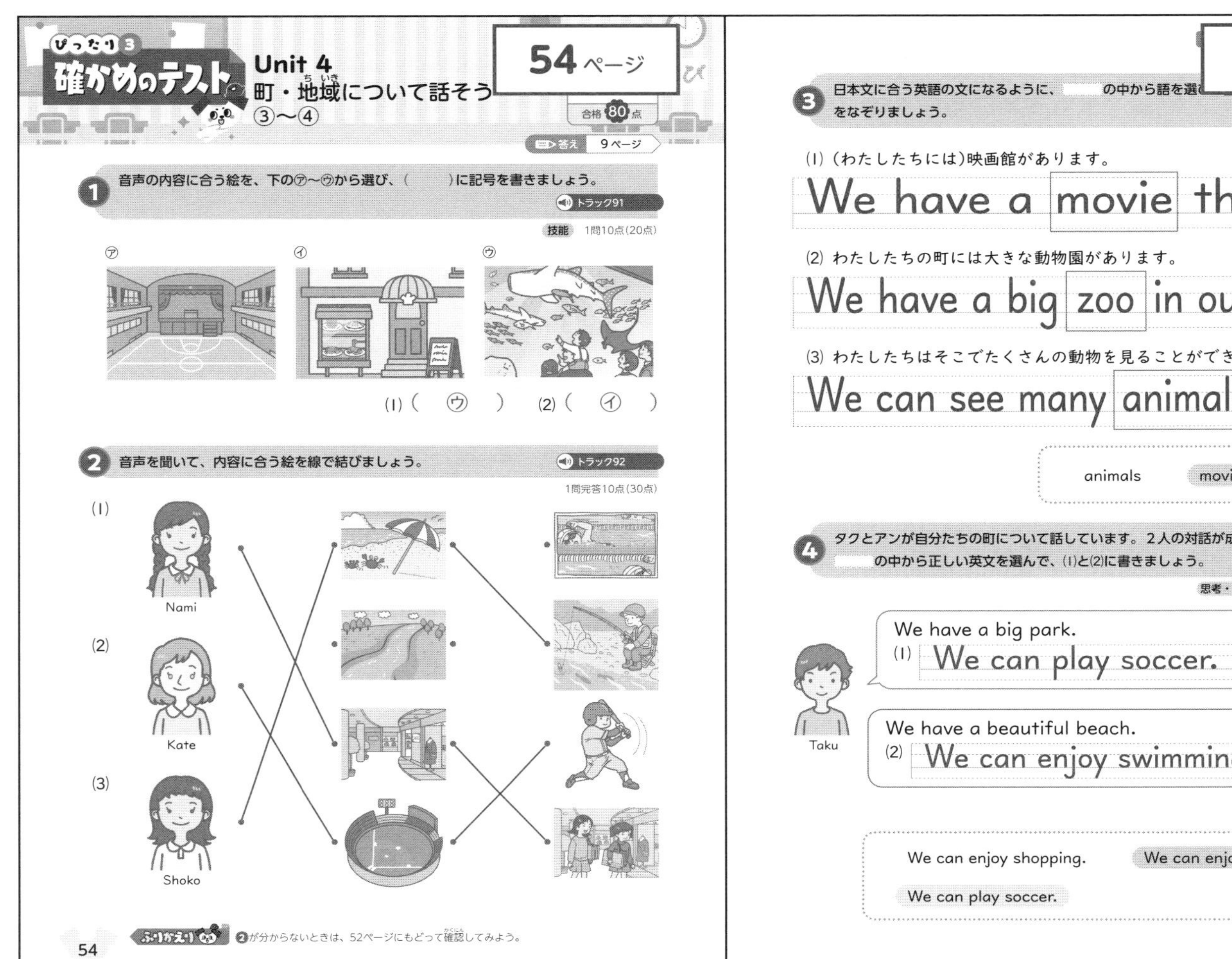


1 2 We have ～. は「(わたしたちには)～があります。」、We can ～. は「わたしたちは～することができます。」という意味です。

1 (1) (わたしたちには)水族館があります。

(2) わたしたちの町には大きなレストランがあります。

2 (1) (わたしたちには)ショッピングモールがあります。わたしたちはそこで買い物を楽しむことができます。

(2) わたしたちの町には大きな球場があります。わたしたちはそこで野球をすることができます。

(3) わたしたちの町には美しい海辺があります。わたしたちはそこでつりを楽しむことができます。

3 (1)「映画館」はmovie theater。(2)「動物園」はzoo。

(3)「動物」はanimals。

4 (1) わたしたちはサッカーをすることができます。

(2) わたしたちは水泳を楽しむことができます。

## 読まれる英語

1 (1)We have an aquarium.

(2)We have a big restaurant in our town.

2 (1)ナミ：My name is Nami.  We have a shopping mall.  We can enjoy shopping there.

(2)ケイト：My name is Kate.  We have a big stadium in our town.  We can play baseball there.

(3)ショウコ：My name is Shoko.  We have a beautiful beach in our town.  We can enjoy fishing there.

## おうちのかたへ

ここでは、町にあるものを伝えたり、そこでできることを伝えたりする表現を学びました。

canを使えるようになると表現できることがとても広がります。お子さんが、いろいろな場所でできることを考え、表現できるよう、「そこでは？」とたずねてあげることでサポートしてください。

## 60ページ

**1** (1) went to ～は「～に行った」、the swimming poolは「プール」です。

(2) enjoyed the summer festivalは「夏祭りを楽しんだ」です。

**2** (1) モモカは日曜日に海辺に行ったと言っています。

(2) ケビンは日曜日ににじを見たと言っています。

(3) ハナは日曜日にスイカを食べたと言っています。

## 61ページ

**3** (1)「～をそうじした」はcleanedで表します。

(2)「～をひいた[演奏した]」はplayedで表します。「日曜日」はSundayです。Sが大文字であることに注意しましょう。

**4** (1) わたしはハイキングを楽しみました。

(2) わたしは花火を見ました。

### 読まれる英語

**1** (1)I went to the swimming pool.

(2)I enjoyed the summer festival.

**2** (1)モモカ：My name is Momoka. I went to the beach on Sunday.

(2)ケビン：My name is Kevin. I saw a rainbow on Sunday.

(3)ハナ：My name is Hana. I ate watermelon on Sunday.

### おうちのかたへ

ここでは、したことを言えるようになるための表現を学びました。今回、初めて過去形が登場します。「～に行った」「～を見た」「～を食べた」「～を楽しんだ」という日常生活でよく使う動詞の過去形が出てきました。

土曜日にしたこと、日曜日にしたことをお子さんといっしょに思い出し、今回習った語を使ってそれらを伝える練習をしてみてください。

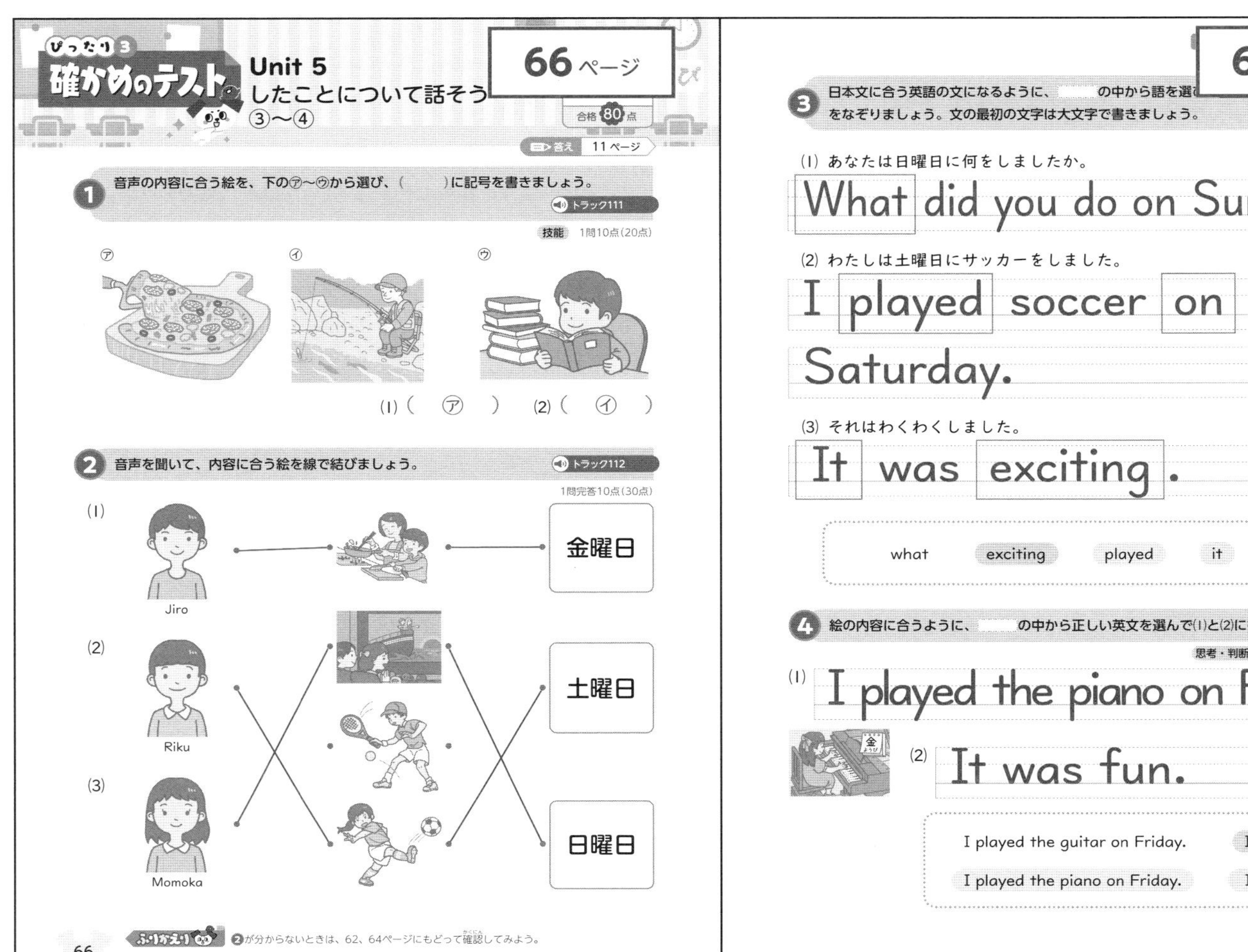


## 読まれる英語

❶ (1)I made a pizza.

(2)男の子：What did you do on Sunday?

女の子：I went fishing on Sunday.

❷ (1)女の子：Jiro, what did you do on Friday?

ジロウ：I made dinner with my mother on Friday. It was good.

(2)女の子：What did you do on Saturday, Riku?

リク：I played soccer on Saturday. It was fun.

(3)男の子：Momoka, what did you do on Sunday?

モモカ：I watched a movie on Sunday. It was wonderful.

### おうちのかたへ

ここでは、したことについてのやりとりを学びました。今回出てきた「〜だった」という意味のwasのほか、watched「〜を見た」、made「〜を作った」、read［レッド］「〜を読んだ」などの過去形を使い、日常生活について伝える練習を重ねてください。

❶ (1) madeは「〜を作った」、pizzaは「ピザ」です。

(2) What did you do on Sunday?「日曜日に何をしましたか。」とたずねられた女の子はwent fishing on Sunday「日曜日につりに行った」と答えています。

❷ (1) 金曜日に何をしたかをたずねられたジロウはmade dinner「夕食を作った」と答えています。

(2) 土曜日に何をしたかをたずねられたリクはplayed soccer「サッカーをした」と答えています。

(3) 日曜日に何をしたかをたずねられたモモカはwatched a movie「映画を見た」と答えています。

❸ (3)「それはわくわくしました。」はIt was exciting.と表します。

❹ (1) わたしは金曜日にピアノをひきました。

(2) それは楽しかったです。

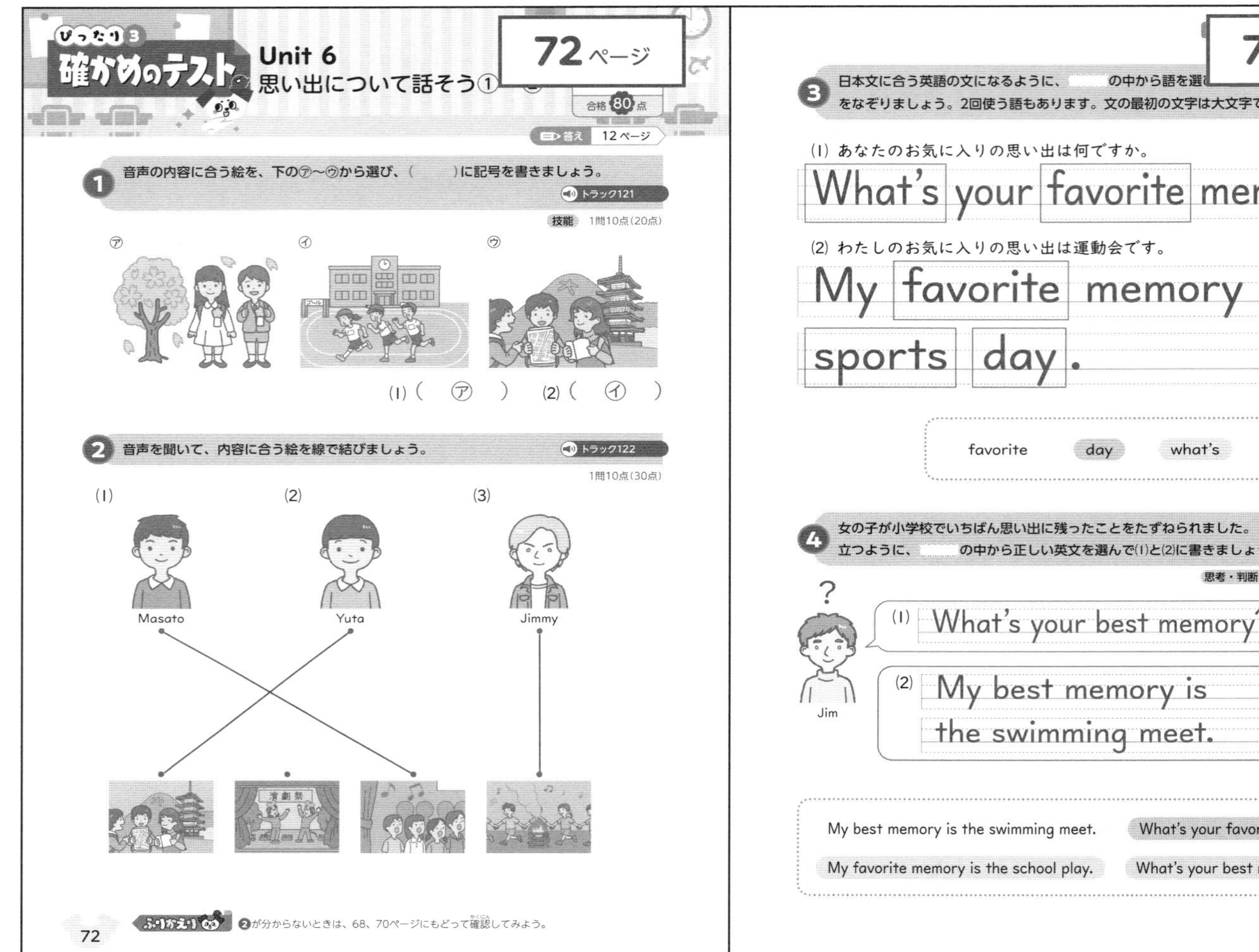


**読まれる英語**

❶ (1)スミス先生：What's your favorite memory?
　女の子：My favorite memory is the entrance ceremony.
(2)My best memory is the school marathon.

❷ (1)マサト：My name is Masato. My best memory is the music festival.
(2)ユウタ：My name is Yuta. My favorite memory is the field trip.
(3)ジミー：My name is Jimmy. My best memory is the school camp.

**おうちのかたへ**

ここでは、学校行事を表す単語をたくさん学び、思い出としてお気に入りのもの、またはいちばんのものは何かについてのやりとりの練習をしました。
思い出の学校行事についてお子さんに質問したり、楽しかったことについて話してもらったりしてみてください。

❶ (1) What's your favorite memory?「あなたのお気に入りの思い出は何ですか。」とたずねられた女の子は、My favorite memory is the entrance ceremony.「わたしのお気に入りの思い出は入学式です。」と答えています。
(2) My best memory「わたしのいちばんの思い出」はthe school marathon「校内マラソン」と言っています。

❷ (1) マサトのいちばんの思い出はthe music festival「音楽祭」と言っています。
(2) ユウタのお気に入りの思い出はthe field trip「校外見学」と言っています。
(3) ジミーのいちばんの思い出はthe school camp「スクールキャンプ」と言っています。

❹ (1) あなたのいちばんの思い出は何ですか。
(2) わたしのいちばんの思い出は水泳大会です。

1 (1) いちばんの思い出は「運動会」で、It was exciting.「それはわくわくしました。」と言っています。
(2) いちばんの思い出は「校外見学」で、I saw many animals.「わたしはたくさんの動物を見ました。」と言っています。

2 (1) the music festival「音楽祭」で、played the violin「バイオリンをひいた」と言っています。
(2) the swimming meet「水泳大会」で、It was exciting.「それはわくわくしました。」と言っています。
(3) the school trip「修学旅行」で、went to an aquarium「水族館に行った」と言っています。

4 (1) わたしのいちばんの思い出は校内マラソンです。
(2) それはわくわくしました。

## 読まれる英語

1 (1) My best memory is the sports day. It was exciting.
(2) My best memory is the field trip. I saw many animals.

2 (1) ナンシー：My name is Nancy. My best memory is the music festival. I played the violin.
(2) エミ：My name is Emi. My best memory is the swimming meet. It was exciting.
(3) アカネ：My name is Akane. My best memory is the school trip. I went to an aquarium.

## おうちのかたへ

ここでは、学校行事について、その行事で何をしたか、その行事は良かったのか、わくわくしたのかという感想の伝え方の練習をしました。
実際の行事で何をしたか、どんな感想を持ったのか、お子さんに質問してみてください。習った表現を使い、話してもらってください。

## 82ページ

## 83ページ

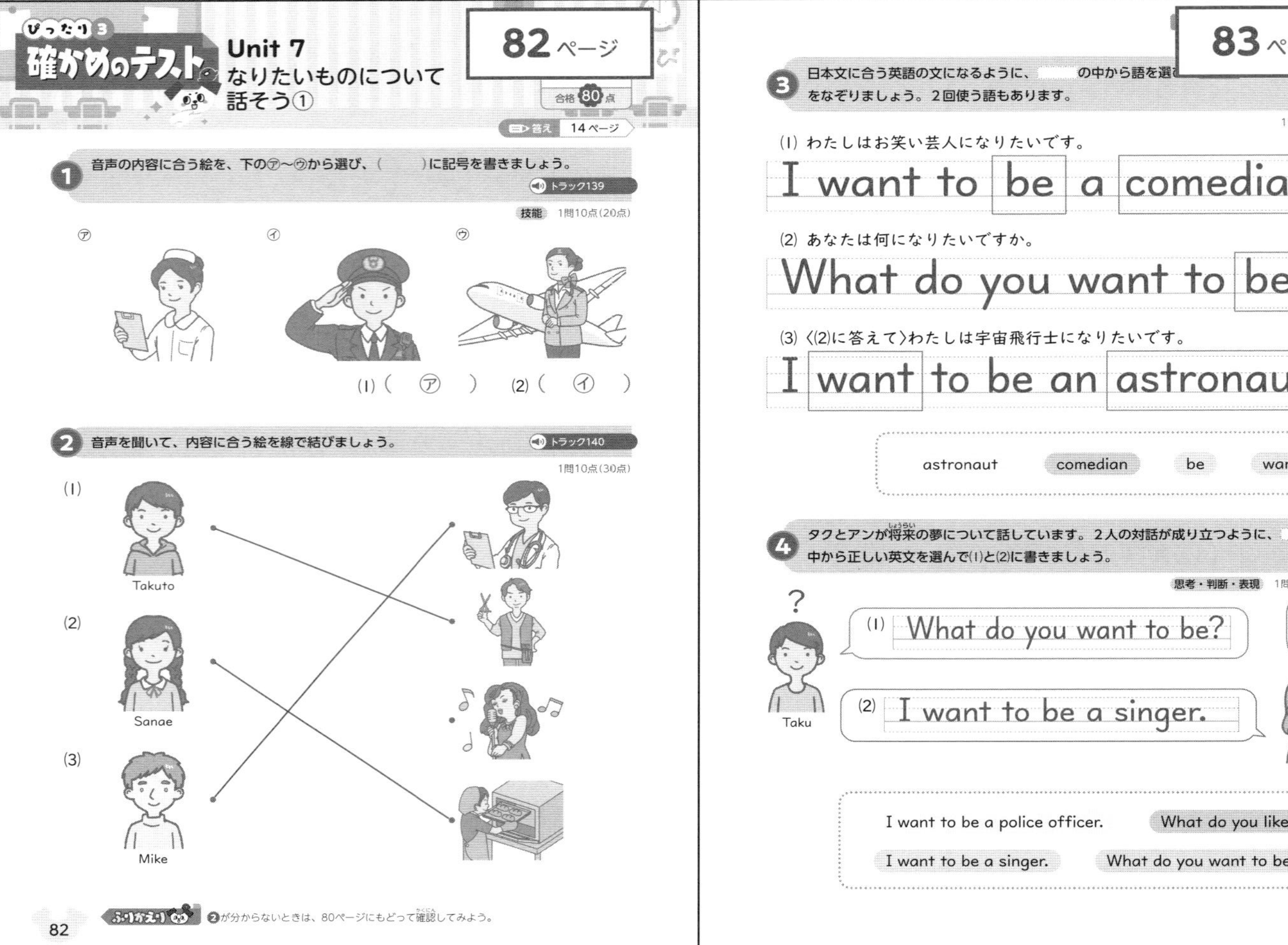


❶ I want to be ～.は「わたしは～になりたいです。」という意味を表します。
(1) わたしは看護師になりたいです。
(2) わたしはけいさつ官になりたいです。

❷ What do you want to be?は「あなたは何になりたいですか。」という意味を表します。それぞれのなりたいものを聞き取りましょう。
(1) 美容師　(2) パン職人　(3) 医師

❸ (1)「～になりたい」はwant to be ～、「お笑い芸人」はa comedianです。
(2)「あなたは何になりたいですか。」はWhat do you want to be?と表します。
(3)「宇宙飛行士」はan astronautです。

❹ (1) あなたは何になりたいですか。
(2) わたしは歌手になりたいです。

### 読まれる英語

❶ (1)I want to be a nurse.
(2)I want to be a police officer.

❷ (1)女の子：What do you want to be, Takuto?
タクト：I want to be a hairdresser.
(2)男の子：What do you want to be, Sanae?
サナエ：I want to be a baker.
(3)女の子：What do you want to be, Mike?
マイク：I want to be a doctor.

### おうちのかたへ

ここでは、将来なりたいものについてたずねたり、答えたりする表現を学びました。
おうちのかたが、小学生だったころになりたかったものを伝えるときは、Unit5で学習した過去形を使って、I wanted to be ～.と言います。お子さんと、夢について話し合うきっかけにしてください。

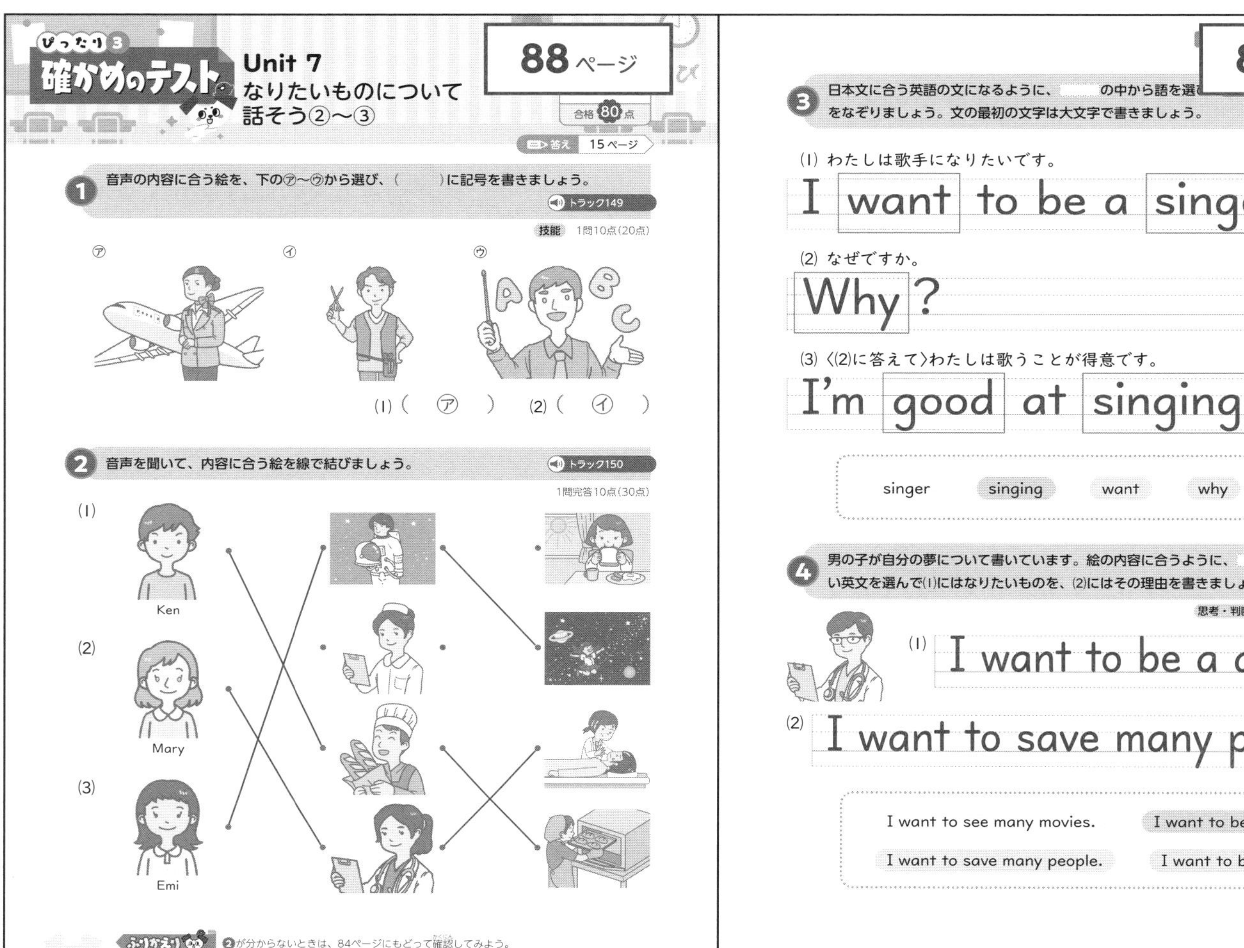

ぴったり3 確かめのテスト Unit 7 なりたいものについて話そう②～③

88ページ

合格80点 答え 15ページ

① 音声の内容に合う絵を、下のア～ウから選び、(　)に記号を書きましょう。 トラック149

技能 1問10点(20点)

ア　イ　ウ

(1) ( ア )　(2) ( イ )

② 音声を聞いて、内容に合う絵を線で結びましょう。 トラック150

1問完答10点(30点)

(1) Ken

(2) Mary

(3) Emi

88　ふりかえり ②が分からないときは、84ページにもどって確認してみよう。

89ページ

③ 日本文に合う英語の文になるように、　　の中から語を選び、をなぞりましょう。文の最初の文字は大文字で書きましょう。

1つ6点(30点)

(1) わたしは歌手になりたいです。

I want to be a singer.

(2) なぜですか。

Why?

(3) 〈(2)に答えて〉わたしは歌うことが得意です。

I'm good at singing.

singer　singing　want　why　good

④ 男の子が自分の夢について書いています。絵の内容に合うように、　　の中から正しい英文を選んで(1)にはなりたいものを、(2)にはその理由を書きましょう。

思考・判断・表現 1問10点(20点)

(1) I want to be a doctor.

(2) I want to save many people.

I want to see many movies.　I want to be a doctor.

I want to save many people.　I want to be a nurse.

89

## 読まれる英語

① (1)I want to be a flight attendant.

(2)女の子：What do you want to be, Yuta?

ユウタ：I want to be a hairdresser.

② (1)ケン：I want to be a baker.

女の子：Why, Ken?

ケン：I like baking bread.

(2)メアリー：I want to be a doctor.

男の子：Why, Mary?

メアリー：I want to save many people.

(3)エミ：I want to be an astronaut.

男の子：Why, Emi?

エミ：I want to go to space.

### おうちのかたへ

ここでは、将来なりたいものについて、その理由をたずねたり、答えたりする表現を学びました。

Why?に対しては、自分が好きなことや、将来したいことを伝える文を言ったらいいよと伝えてください。

① I want to be ～.は「わたしは～になりたいです。」という意味を表します。

(1) わたしは客室乗務員になりたいです。

(2) 女の子：ユウタ、あなたは何になりたいですか。

ユウタ：わたしは美容師になりたいです。

② Why?は「なぜですか。」「どうしてですか。」と、理由をたずねるときに使います。want to ～は「～したい」という意味を表します。

③ (1)「わたしは～になりたいです。」はI want to be ～.で表します。

(2)「なぜですか。」と、理由をたずねるときはWhy?と言います。

(3)「わたしは～することが得意です。」はI'm good at ～ing.で表します。

④ (1) わたしは医師になりたいです。

(2) わたしはたくさんの人を救いたいです。

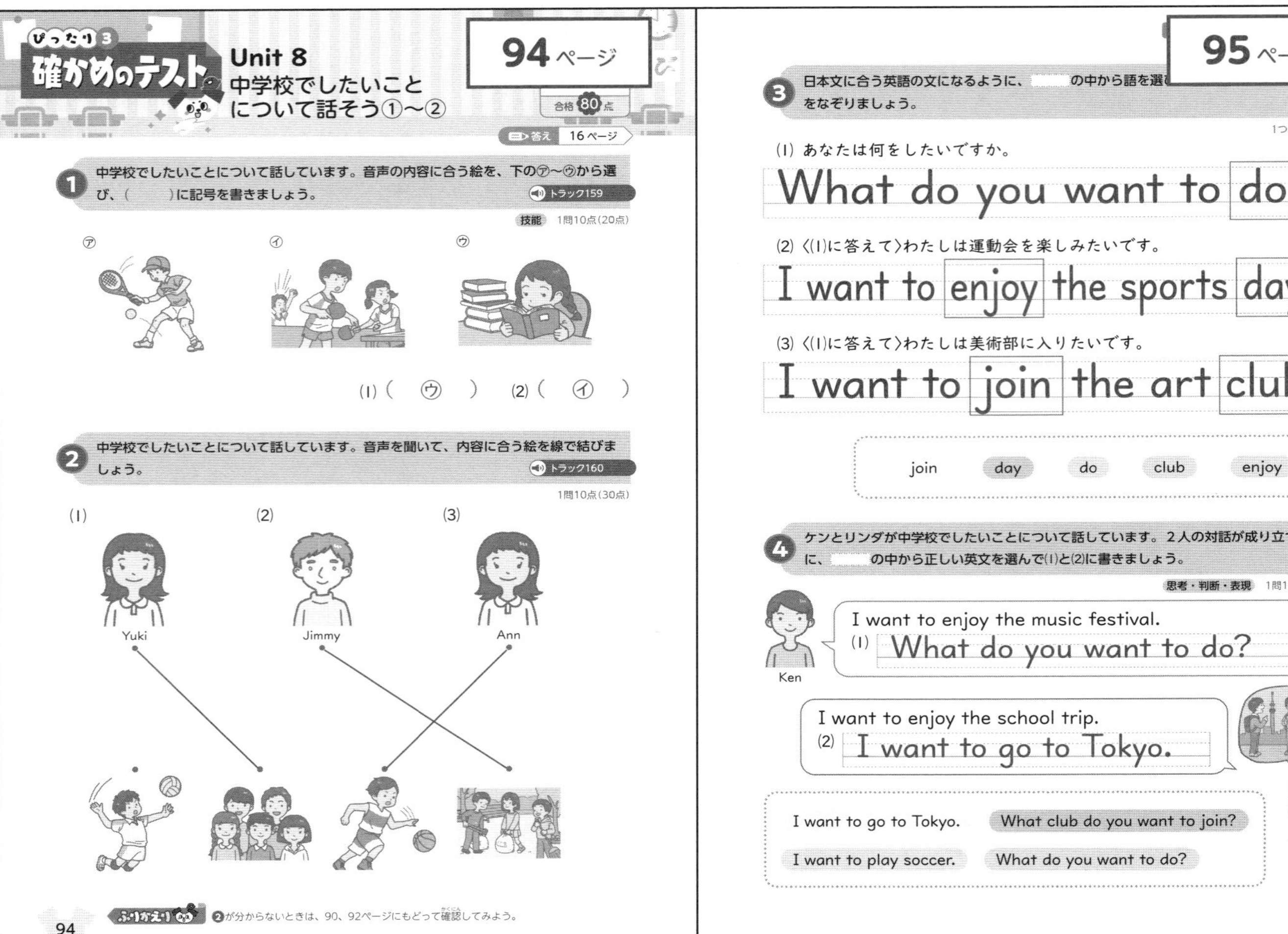


1 I want to 〜.は「わたしは〜したいです。」という意味を表します。

(1) わたしはたくさんの本を読みたいです。

(2) わたしは卓球部に入りたいです。

2 (1)(2) What do you want to do?は「あなたは何をしたいですか。」という意味を表します。

(3) What club do you want to join?は「あなたは何の部活動に入りたいですか。」という意味を表します。

3 (1)「あなたは何をしたいですか。」はWhat do you want to do?と表します。

(2)「わたしは〜したいです。」はI want to 〜.で表します。

(3)「わたしは〜部に入りたいです。」はI want to join the 〜 club[team].と表します。

4 (1) あなたは何をしたいですか。

(2) わたしは東京に行きたいです。

**読まれる英語**

1 (1)I want to read many books.

(2)I want to join the table tennis team.

2 (1)男の子：What do you want to do, Yuki?

ユキ：I want to make many friends.

(2)女の子：What do you want to do, Jimmy?

ジミー：I want to do volunteer work.

(3)男の子：What club do you want to join, Ann?

アン：I want to join the basketball team.

**おうちのかたへ**

ここでは、中学生になったらしたいことについてたずねたり、答えたりする表現を学びました。

入りたい部活動のたずね方と答え方、したいことのたずね方と答え方、それぞれ区別できるように、お子さんと何度も繰り返し会話をしてみてください。

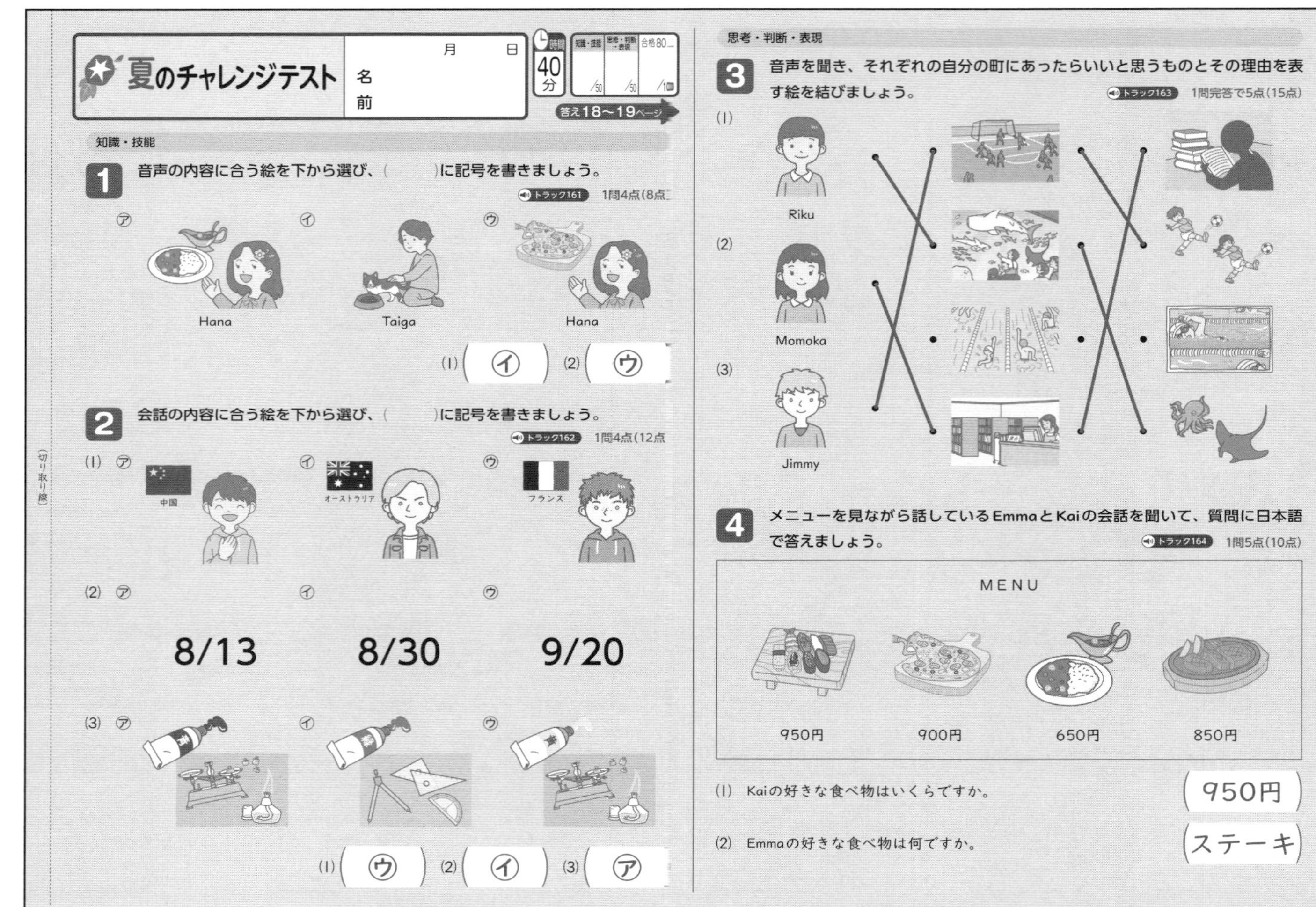

夏のチャレンジテスト 名前 月 日

時間 40分 知識・技能 /50 思考・判断・表現 /50 合格80 /100

答え18〜19ページ

知識・技能

**1** 音声の内容に合う絵を下から選び、(　)に記号を書きましょう。 トラック161 1問4点(8点)

㋐ Hana ㋑ Taiga ㋒ Hana

(1)( ㋑ ) (2)( ㋒ )

**2** 会話の内容に合う絵を下から選び、(　)に記号を書きましょう。 トラック162 1問4点(12点)

(1) ㋐ 中国 ㋑ オーストラリア ㋒ フランス

(2) ㋐ 8/13 ㋑ 8/30 ㋒ 9/20

(3) ㋐ ㋑ ㋒

(1)( ㋒ ) (2)( ㋑ ) (3)( ㋐ )

思考・判断・表現

**3** 音声を聞き、それぞれの自分の町にあったらいいと思うものとその理由を表す絵を結びましょう。 トラック163 1問完答で5点(15点)

(1) Riku

(2) Momoka

(3) Jimmy

**4** メニューを見ながら話しているEmmaとKaiの会話を聞いて、質問に日本語で答えましょう。 トラック164 1問5点(10点)

MENU

950円 900円 650円 850円

(1) Kaiの好きな食べ物はいくらですか。 ( 950円 )

(2) Emmaの好きな食べ物は何ですか。 ( ステーキ )

**2** (1)　男の子の名前はポールでフランス出身と言っていますね。

(2)　誕生日を聞かれた女の子は8月30日生まれと答えています。㋐の13日(13th)と聞きまちがえないように気をつけましょう。

(3)　男の子は好きな色と好きな教科を聞かれて、それぞれ「青」、「理科」と答えています。

**4** カイはお気に入りの食べ物を聞かれ、「すし」と答えています。すしの値段(ねだん)は950円ですね。エマは魚が好きではないので、すしも好きではなく、「ステーキ」がお気に入りだと言っています。

## 読まれる英語

**1** (1)　I'm Taiga. I like animals. I have a cat.

(2)　I'm Hana. I like pizza very much.

**2** (1)A: Welcome to Japan.

B: Hello. My name is Paul. I'm from Paris, France. Nice to meet you.

(2)A: When is your birthday?

B: My birthday is August 30th.

(3)A: What's your favorite color?

B: My favorite color is blue.

A: What's your favorite subject?

B: My favorite subject is science.

**3** (1)　I'm Riku. I want an aquarium in our town. We can see many sea animals.

(2)　I'm Momoka. We don't have a big library. I want a big library in our town. We can read many interesting books.

(3)女の人: What do you want in our town, Jimmy?

ジミー: I want a stadium in our town. We can watch soccer games. I like soccer very much.

**4** エマ: What's your favorite food, Kai?

カイ: My favorite food is sushi. Do you like sushi?

エマ: No. I don't like fish. My favorite food is steak.

知識・技能

**5** 絵を見て、その内容を示す英語を、□の中から選んで□に書きましょう。

1問5点(15点)

(1) August
(2) English
(3) running

running　August　English

**6** 日本文に合うように、グレーの部分はなぞり、□の中から英語を選び、□に書きましょう。文の最初の文字は大文字で書きましょう。

1問完答で5点(15点)

(1) ようこそ日本へ。
Welcome to Japan.

(2) わたしたちの町には体育館があります。
We have a gym in our town.

(3) わたしたちはバスケットボールをすることができます。
We can play basketball.

play　gym　can　welcome　have

思考・判断・表現

**7** 日本のものをしょうかいしましょう。グレーの部分はなぞり、□の中から正しい英語を選んで□に書きましょう。

1問5点(15点)

(1) This is soba.
(2) It's delicious.
(3) This is *kabuki*.
It's exciting.

miso soup　delicious
*soba*　exciting

**8** 日本文に合うように、グレーの部分はなぞり、□に英語を入れましょう。

1問5点(10点)

(1) わたしは泳ぐことが得意です。
I'm good at swimming.

(2) わたしのたんじょう日は7月2日です。
My birthday is July 2nd.

(切り取り線)

**5** (1) August「8月」　(2) English「英語」　(3) running「走ること」

**6** (1) 「ようこそ」は、welcomeで表しましょう。

(2) 「わたしたちの町には～があります。」は、We have ～ in our town.で表しましょう。

**7** (1) 絵の内容から、「これはそばです。」という文をつくりましょう。

(2) delicious(おいしい)を使いましょう。

(3) exciting(わくわくする)を使いましょう。

**8** (2) 「7月」はJuly、「2日」は2nd [second]で表しましょう。

**1** (1) I enjoyed fishing.(わたしはつりを楽しみました。)と言っています。

(2) My favorite memory of school is the sports festival.(わたしのいちばんの学校の思い出は運動会です。)と言っています。

**3** (1)(2) My favorite memory of school isのあとの英語を、注意して聞き取ろう。

**4** (1) タクミは夏休みにwent to my grandfather's house「おじいさんの家に行った」と言っていますね。

(2) タクミたちが夕食後にテレビで見たのはa baseball game「野球の試合」だと言っています。enjoyed watchingで「見ることを楽しんだ」という意味になります。

## 読まれる英語

**1** (1) My summer vacation was great. I enjoyed fishing.

(2) My favorite memory of school is the sports festival.

**2** (1)A: How was your swimming meet?
B: It's wonderful. I enjoyed swimming.

(2)A: What did you do yesterday?
B: I went to a shopping mall with my sister. I enjoyed shopping.

(3)A: Where did you go last weekend?
B: I went to a gym.
A: Did you play basketball?
B: No. I played volleyball there.

**3** (1) I'm Yuki. My favorite memory of school is the field trip. We went to a big aquarium.

(2) I'm Kai. My favorite memory of school is the school marathon. I enjoyed running.

(3)男の人: What's your favorite memory of school, Emma?
エマ: It's the drama festival. I made costumes and enjoyed acting.
男の人: That's wonderful!

**4** Hi, I'm Takumi. My summer vacation was very good. I went to my grandfather's house. I made dinner with my mother there. We made *yakisoba*. We enjoyed eating. After dinner we enjoyed watching a baseball game on TV.

知識・技能

**5** 絵を見て、その内容を示す英語を、□の中から選んで□に書きましょう。 1問5点(15点)

(1) mountain (2) rainy (3) lake

rainy　lake　mountain

**6** 日本文に合うように、グレーの部分はなぞり、□の中から英語を選び、□に書きましょう。 1問完答で5点(15点)

(1) わたしの夏休みは楽しかったです。

My summer vacation was fun .

(2) わたしは１さつの英語の本を買いました。

I bought an English book.

(3) わたしのお気に入りの学校の思い出は校外見学です。

My favorite memory of school is the field trip .

English　trip　fun　favorite　bought

思考・判断・表現

**7** 絵の中の男の子になったつもりで(1)は質問に答え、(2)(3)は絵に合う英語になるよう、グレーの部分はなぞり、□の中から正しい英語を選んで□に書きましょう。 1問5点(15点)

大阪
↓
神戸

(1) What did you do last weekend?

I went to Kobe .

(2) I enjoyed eating steak.

(3) It was delicious .

enjoyed eating　was delicious
went to Kobe　went to Osaka

**8** 日本文に合うように、グレーの部分はなぞり、□に英語を入れましょう。 1問5点(10点)

(1) わたしはテレビを見ました。

I watched TV .

(2) きのうは晴れでした。

It was sunny yesterday.

**5** (1) mountain「山」　(2) rainy「雨の」　(3) lake「湖」

**6** (1) 「楽しい」は、funで表しましょう。

(2)(3) できることはcanを使って表しましょう。

**7** (1) 絵の内容から、「わたしは神戸に行きました」という文をつくりましょう。

(2) 絵の内容から、「わたしはステーキを食べることを楽しみました」という文をつくりましょう。

(3) 食べものの感想を表すdeliciousを使って、「それはおいしかったです」という文をつくりましょう。

**8** (1) 「テレビを見た」は、watched TVで表しましょう。

間違えた言葉を書きましょう

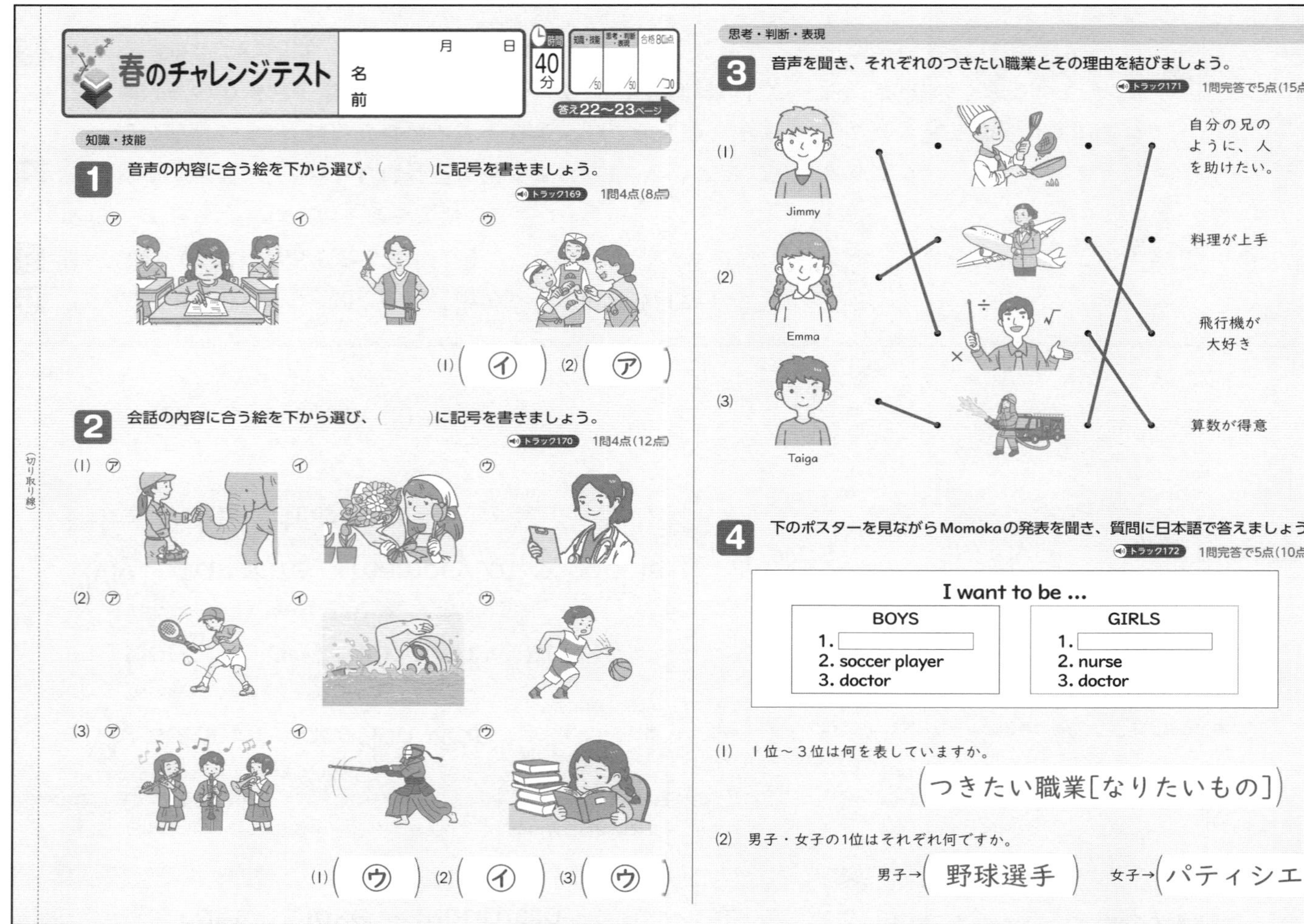


**1** (1) want to be a hairdresser「美容師になりたい」と言っていますね。

(2) have term tests は「期末テストがある」です。

**4** (1) モモカはasked my classmates, "What do you want to be?"「私のクラスメートたちに『あなたは何になりたいですか。』と聞いた」と言っています。

(2) クラスの男子のつきたい職業の1位は baseball player「野球選手」、女子の1位は pastry chef「パティシエ」です。

## 読まれる英語

**1** (1) I want to be a hairdresser. I like styling hair.

(2) We have term tests in junior high school.

**2** (1)A: What's your dream?
B: I want to be a doctor.

(2)A: What club do you want to join?
B: I want to join the swimming club.

(3)A: What do you want to do in junior high school?
B: I want to read many English books.

**3** (1) My name is Jimmy. I want to be a math teacher. I'm good at math.

(2) 男の人: What do you want to be, Emma?
エマ: I want to be a flight attendant.
男の子: Why?
エマ: I really like airplanes.

(3) I'm Taiga. I want to be a fire fighter. My brother is a fire fighter. I want to help people like him.

**4** Hi, I'm Momoka. Look at this poster. I asked my classmates, "What do you want to be?" For boys, No.1 is a baseball player, No.2 is a soccer player and No.3 is a doctor. For girls, No.1 is a pastry chef, No.2 is a nurse and No.3 is a doctor. Both boys and girls chose a doctor.

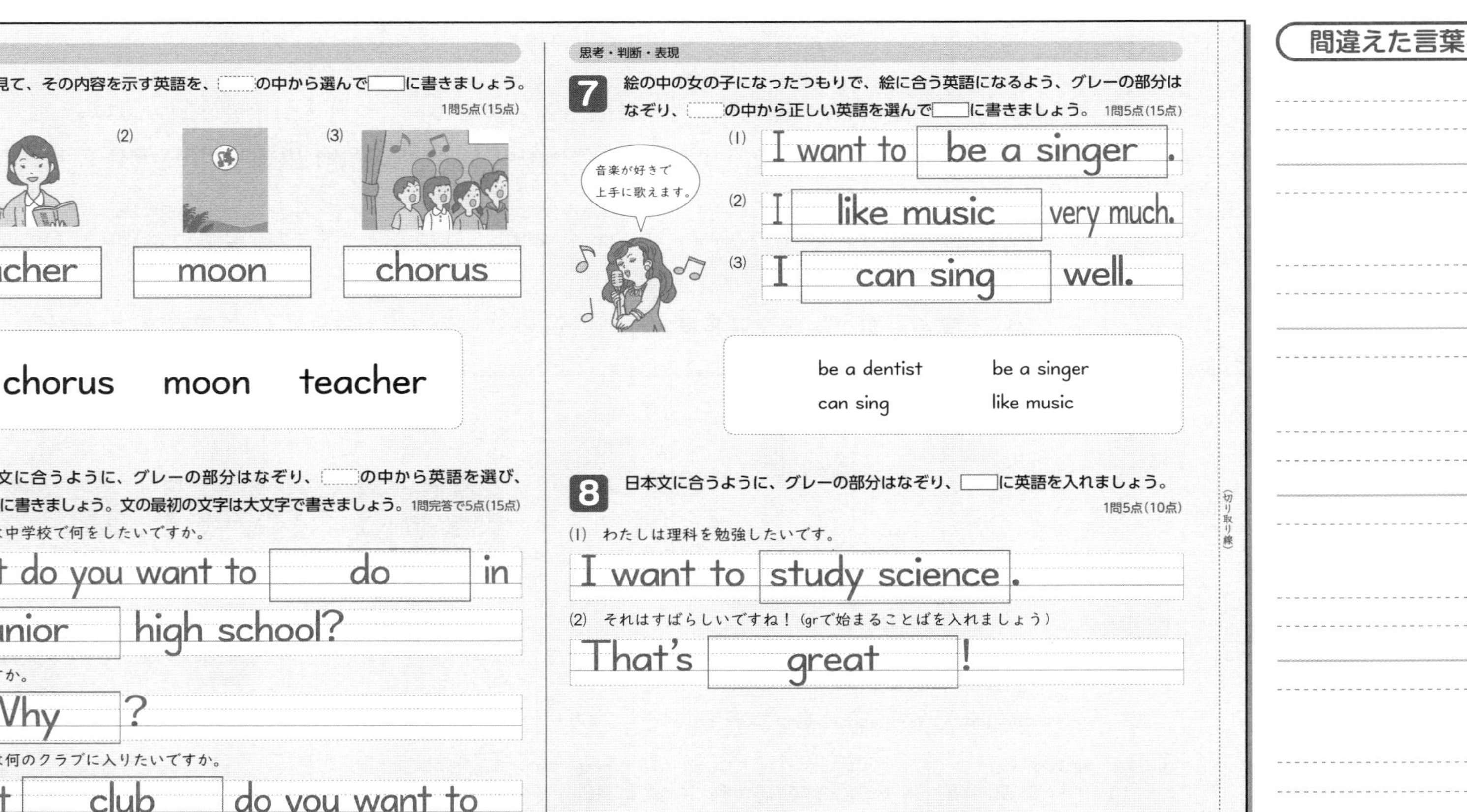


間違えた言葉を書きましょう

**5** (1) teacher「教師」 (2) moon「月」 (3) chorus「合唱」

**6** (1) 「中学校で」は、in junior high schoolで表しましょう。

(3) 「(クラブに)入る」は、joinで表しましょう。

**7** (1) 絵の内容から、「わたしは歌手になりたいです。」という文をつくりましょう。

(3) 「上手に歌う」は、sing wellで表しましょう。

**8** (1) 「理科を勉強する」は、study scienceで表しましょう。

(2) grからはじまる「すばらしい」を表す英語は、greatです。

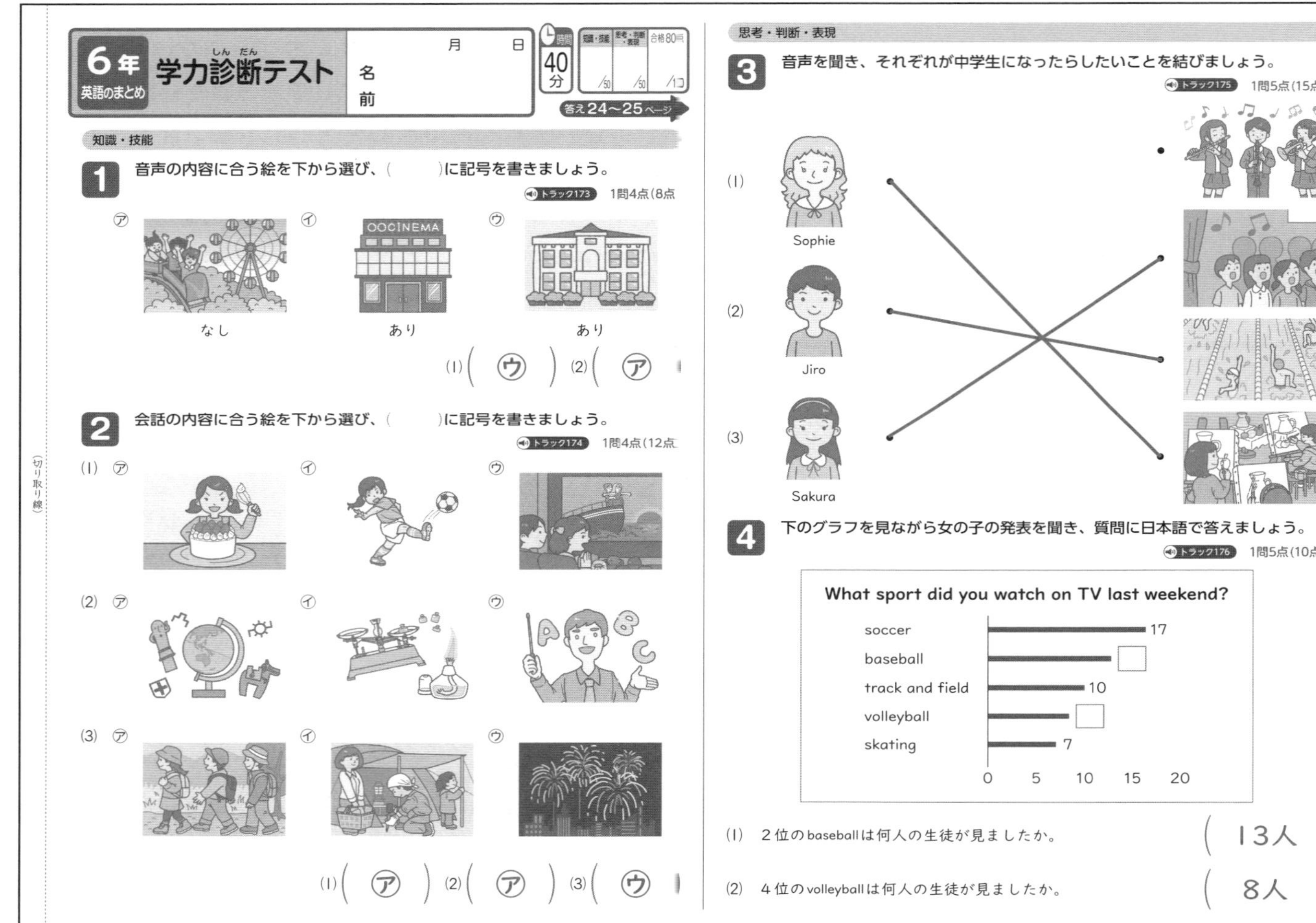


## 読まれる英語

**1** (1) We have an art museum in our town.

(2) We don't have an amusement park in our town.

**2** (1)A: What did you do last weekend?

B: I made a cake for my family last Saturday. It was delicious.

(2)A: What's your favorite subject?

B: My favorite subject is social studies. It's interesting.

(3)A: How was your summer vacation?

B: It was wonderful! I saw fireworks.

**3** (1) I'm Sophie. I want to join the art club in junior high school. I like drawing very much.

(2) My name is Jiro. I want to join the swimming team in junior high school. I can swim fast.

(3) I'm Sakura. I want to join the chorus in junior high school. I'm good at singing.

**4** Look at this graph. I asked the students in this class, "What sport did you watch on TV last weekend?" No. 1 is soccer. 17 students watched it. No. 2 is baseball. 13 students watched it. No. 3 is track and field. 10 students watched it. No. 4 is volleyball. 8 students watched it. No. 5 is skating. 7 students watched it.

**1** (1) art museumは「美術館」です。We have ~ in our town.で、「自分たちの町には~がある。」と言っているのですね。

(2) amusement parkは「遊園地」です。We don't have ~ in our town.で、「自分たちの町には~がない。」と言っています。

**4** 男の子はI asked the students in this class, "What sport did you watch on TV last weekend?"「このクラスの生徒たちに『あなたは先週末にテレビで何のスポーツを見ましたか。』と聞いた。」と言っています。

知識・技能

**5** 絵を見て、その内容を示す英語を、□の中から選んで□に書きましょう。 1問5点(15点)

(1) math (2) soccer (3) color

soccer color math

**6** 日本文に合うように、グレーの部分はなぞり、□の中から英語を選び、□に書きましょう。 1問完答で5点(15点)

(1) わたしはわたしたちの町に動物園がほしいです。

I want a zoo in our town.

(2) あなたはきのう何をしましたか。

What did you do yesterday?

(3) 〈(2)に答えて〉 わたしはきのう横浜に行きました。

I went to Yokohama yesterday.

did zoo want went do

思考・判断・表現

**7** 絵の中の男の子になったつもりで、絵に合う英語になるよう、グレーの部分はなぞり、□の中から正しい英語を選んで□に書きましょう。 1問5点(15点)

(1) What is your favorite memory of school?

It's the drama festival.

(2) I enjoyed acting.

(3) It was wonderful.

enjoyed acting wonderful
drama festival music festival

**8** 日本文に合うように、グレーの部分はなぞり、□に英語を入れましょう。 1問5点(10点)

(1) わたしは英語の先生になりたいです。

I want to be an English teacher.

(2) わたしは上手に泳ぐことができます。

I can swim well.

**5** (1) math「算数」 (2) soccer「サッカー」 (3) color「色」

**6** (1) 「～がほしいです」は、I want ～.で表しましょう。

(3) 「わたしは～に行きました。」は、I went to ～.で表しましょう。

**7** (1) What is your favorite memory of school?(あなたのいちばんの学校の思い出は何ですか。)と質問されています。絵の内容から、「演劇祭」を表すdrama festivalを選びましょう。

(3) 感想を表す英語のwonderfulを使って、「それはすばらしかったです」という文をつくりましょう。

**8** (2) 「上手に泳ぐ」は、swim wellで表しましょう。

間違えた言葉を書きましょう

# メモ

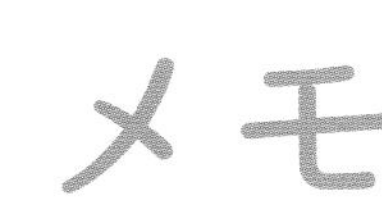
メモ

付録　とりはずしてお使いください。

# 英語 おさらいドリル

# 6年

年　　組

# アルファベット

アルファベットの大文字をなぞりましょう。また、くり返し書いてみましょう。

A B C D E F

G H I J K L

M N O P Q R

S T U V W X

Y Z

アルファベットの小文字をなぞりましょう。また、くり返し書いてみましょう。

a b c d e f

g h i j k l

m n o p q r

s t u v w x

y z

# 国名を表す言葉

国名を表す言葉をなぞりましょう。また、くり返し書いてみましょう。

□ベルギー

Belgium

□デンマーク

Denmark

□ネパール

Nepal

□キューバ

Cuba

□エクアドル

Ecuador

□タンザニア

Tanzania

聞かれたことについて、自分ならどう答えるか書いてみましょう。
空らんの言葉を埋めて、文をなぞりましょう。

## 1 自分の出身国を伝えるとき

I'm from ＿＿＿＿＿＿＿＿.

（私は○○出身です。）

## 2 自分の行きたい国をたずねるとき、答えるとき

Where do you want to go?

（あなたはどこに行きたいですか。）

I want to go to ＿＿＿＿＿＿＿＿.

（私は○○に行きたいです。）

## 3 「～に行きましょう。」とさそうとき

Let's go to ＿＿＿＿＿＿＿＿.

（○○に行きましょう。）

# 身の回りのものを表す言葉

身の回りのものを表す言葉をなぞりましょう。また、くり返し書いてみましょう。

□かご

basket

□本

book

□電話

telephone

□せっけん

soap

□カメラ

camera

□ブラシ

brush

聞かれたことについて、自分ならどう答えるか書いてみましょう。
空らんの言葉を埋めて、文をなぞりましょう。

## 1 誕生日にほしいものをたずねるとき、答えるとき

What do you want for your birthday?

（あなたはあなたの誕生日に何がほしいですか。）

I want ＿＿＿＿＿＿＿＿

for my birthday.

（私は誕生日に〇〇がほしいです。）

## 2 自分の宝物を伝えるとき

My treasure is my ＿＿＿＿＿＿＿＿.

（私の宝物は〇〇です。）

# 1日の行動を表す言葉

1日の行動を表す言葉をなぞりましょう。また、くり返し書いてみましょう。

□花に水をやる

water the flowers

□顔を洗う

wash my face

□朝ご飯を食べる

eat breakfast

□制服を着る

wear the school uniform

□家を出る

leave home

□夕ご飯を食べる

eat dinner

聞かれたことについて、自分ならどう答えるか書いてみましょう。
空らんの言葉を埋めて、文をなぞりましょう。

## 1 ある時間にすることを伝えるとき

I always ______

at 7:30.

（私は 7 時 30 分にいつも〇〇をします。）

I usually ______

at six in the evening.

（私は夕方 6 時にたいてい〇〇をします。）

I sometimes ______

on Saturday.

（私は土曜日に、ときどき〇〇をします。）

# したこと（過去形）を表す言葉①

✎したことを表す言葉をなぞりましょう。また、くり返し書いてみましょう。

□家にいた

stayed home

□友達と遊んだ

played with my friends

□風呂を掃除した

cleaned the bath

□音楽を聞いた

listened to music

□友達と話した

talked with my friends

□テレビを見た

watched TV

聞かれたことについて、自分ならどう答えるか書いてみましょう。
空らんの中にはこれまで学んだ言葉を入れて、
自分のしたことと、その感想を書いてみましょう。

## 1 週末がどうだったかをたずねるとき、答えるとき

How was your weekend?

（週末はどうでしたか。）

It was great.

（それはすばらしかったです。）

## 2 週末にしたことを伝えるとき

I ＿＿＿＿＿＿＿＿＿＿ .

（私は〇〇をしました。）

# したこと（過去形）を表す言葉②

したことを表す言葉をなぞりましょう。また、くり返し書いてみましょう。

□高尾山に登った

climbed Mt. Takao

□カレーライスを作った

made curry and rice

□おみやげを買った

bought souvenirs

□１位になった

won first place

□富士山を見た

saw Mt. Fuji

□速く走った

ran fast

聞かれたことについて、自分ならどう答えるか書いてみましょう。
空らんの中にはこれまで学んだ言葉を入れて、
自分のしたことと、その感想を書いてみましょう。

## 1 週末にしたことを伝えるとき

I went to ＿＿＿＿＿＿＿＿＿＿.

（私は○○に行きました。）

I ＿＿＿＿＿＿＿＿＿＿ there.

（私はそこで○○をしました。）

## 2 週末にしたことの感想を伝えるとき

It was ＿＿＿＿＿＿＿＿＿＿.

（それは○○でした。）

# 場所を表す言葉

場所を表す言葉をなぞりましょう。また、くり返し書いてみましょう。

□空港

airport

□工場

factory

□スケートパーク

skate park

□キャンプ場

campsite

□森

forest

□さばく

desert

聞かれたことについて、自分ならどう答えるか書いてみましょう。
空らんの言葉を埋めて、文をなぞりましょう。

## 1 町の中のお気に入りの場所をたずねるとき

What is your favorite place
in your town?

（あなたの町のお気に入りの場所は何ですか。）

My favorite place is
＿＿＿＿＿＿＿＿＿＿.

（私のお気に入りの場所は〇〇です。）

## 2 自分の町にほしい施設や観光地などを伝えるとき

I want ＿＿＿＿＿＿＿＿＿＿
in my town.

（私の町に〇〇がほしいです。）

# 地名を表す言葉

地名を表す言葉をなぞりましょう。また、くり返し書いてみましょう。

□北極

the Arctic

□南極

the Antarctic

□アフリカ

Africa

□ヨーロッパ

Europe

□南アメリカ

South America

□アジア

Asia

聞かれたことについて、自分ならどう答えるか書いてみましょう。
空らんの中にはこれまで学んだ言葉を入れて、
例にならって伝えてみましょう。

## ① その国がどこの地域に属しているかを伝える場合

Japan is in Asia.

（日本はアジアにあります。）

France is in Europe.

（フランスはヨーロッパにあります。）

## ② その地域で出会うことのできる動物などについて伝えるとき

We can see kangaroos in Oceania.

（オセアニアではカンガルーを見ることができます。）

We can see ＿＿＿＿＿＿＿＿

in ＿＿＿＿＿＿＿＿ .

（○○では○○を見ることができます。）

# 学校行事を表す言葉

学校行事を表す言葉をなぞりましょう。また、くり返し書いてみましょう。

□文化祭

culture festival

□ひなん訓練

evacuation drill

□運動会

sports festival

□期末試験

term test

□マラソン大会

school marathon

□学芸会

drama festival

聞かれたことについて、自分ならどう答えるか書いてみましょう。
空らんの中にはこれまで学んだ言葉を入れて、
思い出と楽しんだことを伝えてみましょう。

## 1 思い出の学校行事をたずねるとき、答えるとき

What is your best memory?

（あなたの一番の思い出は何ですか。）

My best memory is

____________________.

（私の一番の思い出は〇〇です。）

## 2 学校行事について、楽しんだことを伝えるとき

We enjoyed ____________________.

（私たちは〇〇を楽しみました。）

# 部活動を表す言葉

部活動を表す言葉をなぞりましょう。また、くり返し書いてみましょう。

□放送部

broadcasting club

□英語部

English club

□体操部

gymnastics team

□水泳部

swimming team

□陸上部

track and field team

□写真部

photography club

聞かれたことについて、自分ならどう答えるか書いてみましょう。
空らんの中にはこれまで学んだ言葉を入れて、
自分のできること、したいことを伝えてみましょう。

1 中学校で入りたい部活についてたずねるとき、答えるとき

What club do you want to join?

（あなたは何の部活に入りたいですか。）

I want to join the

________ .

私は○○部に入りたいです。）

2 その部活に入りたい理由を伝えるとき

I can ________ .

（私は○○ができます。）

I'm good at ________ .

（私は○○が得意です。）

# 職業を表す言葉

職業を表す言葉をなぞりましょう。また、くり返し書いてみましょう。

□ファッションデザイナー

fashion designer

□消防士

firefighter

□イラストレーター

illustrator

□ジャーナリスト

journalist

□音楽家

musician

□薬剤師

pharmacist

聞かれたことについて、自分ならどう答えるか書いてみましょう。
空らんの中にはこれまで学んだ言葉を入れて、
自分のなりたい職業でしたいことも伝えてみましょう。

## 1 将来なりたい職業についてたずねるとき、答えるとき

What do you want to be?

（あなたは何になりたいですか。）

I want to be ＿＿＿＿＿＿＿＿.

（私は○○になりたいです。）

職業を表す言葉の前には
必ず a や an をつけましょう。

## 2 その職業について、したいことを伝えるとき

I want to ＿＿＿＿＿＿＿＿.

（私は○○がしたいです。）

## 3 自分のまわりの大人がついている職業について伝えるとき

My father is ＿＿＿＿＿＿＿＿.

（私の父は○○です。）

# 教科を表す言葉

教科を表す言葉をなぞりましょう。また、くり返し書いてみましょう。

□算数

math

□理科

science

□社会

social studies

□音楽

music

□体育

P.E.

□図画工作

arts and crafts

聞かれたことについて、自分ならどう答えるか書いてみましょう。
空らんの言葉を埋めて、文をなぞりましょう。

## 1 好きな教科についてたずねるとき、答えるとき

What subject do you like?

（あなたは何の教科が好きですか。）

I like ＿＿＿＿＿＿＿＿.

（私は〇〇が好きです。）

I don't like ＿＿＿＿＿＿＿＿.

（私は〇〇が好きではありません。）

## 2 自分の勉強したい教科について伝えるとき

I want to study ＿＿＿＿＿＿＿＿.

（私は〇〇を勉強したいです。）

感想を表す言葉をなぞりましょう。また、くり返し書いてみましょう。

□こわい

scary

□困難な

tough

□簡単な

easy

□難しい

difficult

□たいくつな

boring

□独特の

unique

聞かれたことについて、自分ならどう答えるか書いてみましょう。
空らんの中にはこれまで学んだ言葉を入れて、
自分のおすすめの国について伝えてみましょう。

## 1 おすすめの国と、そこでできること、その感想を伝えるとき

Let's go to ＿＿＿＿＿＿＿＿＿＿.

（○○に行きましょう。）

You can see ＿＿＿＿＿＿＿＿＿＿.

（○○を見ることができます。）

It is ＿＿＿＿＿＿＿＿＿＿.

（それは○○です。）

# 乗り物を表す言葉

乗り物を表す言葉をなぞりましょう。また、くり返し書いてみましょう。

□一輪車

unicycle

□車いす

wheelchair

□パトカー

patrol car

□飛行機

airplane

□ボート

boat

□宇宙船

spaceship

聞かれたことについて、自分ならどう答えるか書いてみましょう。
空らんの中にはこれまで学んだ言葉を入れて、
自分のおすすめの場所について伝えてみましょう。

1 住んでいる地域の一番好きな場所と、そこでできること、どうやって行くことができるかを伝えるとき

My favorite place is

______ .

（わたしのお気に入りの場所は〇〇です。）

You can ______ .

（〇〇をすることができます。）

You can go there by ______ .

（〇〇でそこに行くことができます。）

byは、「〜で」という意味があり、そのあとに
乗り物を表す言葉を入れることができるよ。

# 家具・衣類を表す言葉

家具・衣類を表す言葉をなぞりましょう。また、くり返し書いてみましょう。

□コート

coat

□スカーフ

scarf

□スカート

skirt

□ジーンズ

jeans

□スリッパ

slippers

□ソファ

sofa

聞かれたことについて、自分ならどう答えるか書いてみましょう。
空らんの言葉を埋めて、文をなぞりましょう。

## 1 どこにあるかをたずねるとき、答えるとき

Where is ＿＿＿＿＿＿＿＿＿＿＿＿ ?

（〇〇はどこにありますか。）

It's on the ＿＿＿＿＿＿＿＿＿＿＿＿ .

（〇〇の上にあります。）

## 2 ほしいものを伝えるとき

I want ＿＿＿＿＿＿＿＿＿＿＿＿ .

（私は〇〇がほしいです。）

# 教科書ぴったりトレーニング

# はなまるシール

★ ふろくの「がんばり表」に使おう！
★ はじめに、キミのおとも犬を選んで、がんばり表にはろう！
★ 学習が終わったら、がんばり表に「はなまるシール」をはろう！
★ 余ったシールは自由に使ってね。

## キミのおとも犬

## はなまるシール

社会

## ごほうびシール

シールの中から好きなぴた犬を選ぼう。

## おうちのかたへ

がんばり表のデジタル版「デジタルがんばり表」では、デジタル端末でも学習の進捗記録をつけることができます。１冊やり終えると、抽選でプレゼントが当たります。「ぴたサポシステム」にご登録いただき、「デジタルがんばり表」をお使いください。LINE または PC・ブラウザを利用する方法があります。

ぴたサポシステムご利用ガイドはこちら
https://www.shinko-keirin.co.jp/shinko/news/pittari-support-system

スタート

### nit 1　自分のことを伝えよう

| 20～21ページ | 18～19ページ | 16～17ページ | 14～15ページ | 12～13ページ | 10～11ページ | 8～9ページ |
|---|---|---|---|---|---|---|
| ぴったり３ | ぴったり１２ | ぴったり１２ | ぴったり１２ | ぴったり３ | ぴったり１２ | ぴったり１２ |
| できたらシールをはろう | できたらシールをはろう | できたらシールをはろう | できたらシールをはろう | できたらシールをはろう | できたらシールをはろう | できたらシールをはろう |

### Unit 4　町・地域について話そう

| 44～45ページ | 46～47ページ | 48～49ページ | 50～51ページ | 52～53ページ | 54～55ページ |
|---|---|---|---|---|---|
| ぴったり１２ | ぴったり１２ | ぴったり３ | ぴったり１２ | ぴったり１２ | ぴったり３ |
| できたらシールをはろう | できたらシールをはろう | できたらシールをはろう | できたらシールをはろう | できたらシールをはろう | できたらシールをはろう |

### Unit 5　したことについて話そう

| 66～67ページ | 64～65ページ | 62～63ページ | 60～61ページ | 58～59ページ | 56～57ページ |
|---|---|---|---|---|---|
| ぴったり３ | ぴったり１２ | ぴったり１２ | ぴったり３ | ぴったり１２ | ぴったり１２ |
| できたらシールをはろう | できたらシールをはろう | できたらシールをはろう | できたらシールをはろう | できたらシールをはろう | できたらシールをはろう |

### t 8　したいことについて話そう

| ～91ページ | 92～93ページ | 94～95ページ |
|---|---|---|
| たり１２ | ぴったり１２ | ぴったり３ |
| できたらシールをはろう | できたらシールをはろう | できたらシールをはろう |

ゴール

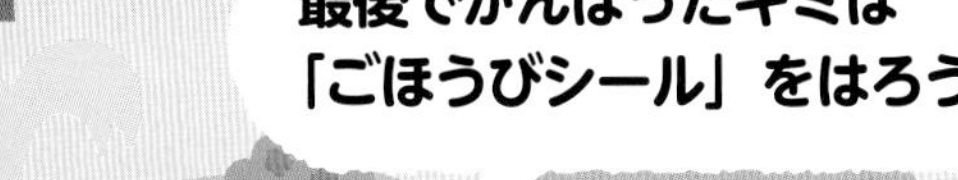

最後でがんばったキミは
「ごほうびシール」をはろう！

ごほうび
シールを
はろう

# 教科書ぴったりトレーニングの使い方

『ぴたトレ』は学校の授業にひ
とができるよ。ぴた犬たちが勉

『単元対照表』について
この本は、どの教科書にも合う。
教科書の単元と、この本の関連
参考に、学校での授業に合わせて

ふだんの学習

学校の授業のだいじなところをまとめていく。
めあて でどんなことを勉強するかわかるよ。
音声を聞きながら、自分で声に出してかくにん
QRコードから「3分でまとめ動画」が見られ

※QRコードは株式会社デンソーウェー

「ぴったり1」で勉強したこと、おぼえている
かくにんしながら、自分で書く練習をしよう。

ぴったり3
確かめのテスト

「ぴったり1」「ぴったり2」が終わったら取り組
学校のテストの前にやってもいいね。
わからない問題は、ふりかえり を見て前に
くにんしよう。

実力チェック

夏のチャレンジテスト

冬のチャレンジテスト

春のチャレンジテスト

6年 英語のまとめ 学力診断テスト

夏休み、冬休み、春休み前に
使いましょう。
学期の終わりや学年の終わりの
テストの前にやってもいいね。

ふだんの
たら、
にシー

別冊

丸つけラクラク解答

問題と同じ紙面に赤字で「答え」が書いてあ
取り組んだ問題の答え合わせをしてみよう。
問題やわからなかった問題は、右の「てびき」
もう一度見直そう。

ったり合わせて使うこ
強をサポートするよ。

うに作っています。
示した「単元対照表」を
お使いください。

。

しよう。
るよ。

の登録商標です。

かな？

んでみよう。

もどってか

学習が終わっ
がんばり表」
をはろう。

るよ。
まちがえた
を読んで、

## おうちのかたへ

本書『教科書ぴったりトレーニング』は、重要事項をつかむ「ぴったり１ 準備」、おさらいをしながら単語や表現の書き取りに慣れる「ぴったり２ 練習」、テスト形式で学習事項が定着したか確認する「ぴったり３ 確かめのテスト」の３段階構成になっています。学校の授業のねらいに完全対応していますので、日々の学習（トレーニング）にぴったりです。

## 「観点別学習状況の評価」について

学校の通知表は、「知識・技能」「思考・判断・表現」「主体的に学習に取り組む態度」の３つの観点による評価がもとになっています。

問題集やドリルでは、一般に知識を問う問題が中心になりますが、本書『教科書ぴったりトレーニング』では、次のように、観点別学習状況の評価に基づく問題を取り入れて、成績アップに結びつくことをねらいました。

**ぴったり３ 確かめのテスト**

●「知識・技能」のうち、特に技能（具体的な情報の聞き取りなど）を取り上げた問題には「技能」と表示しています。

●「思考・判断・表現」のうち、特に思考や表現（予想したり文章で説明したりすることなど）を取り上げた問題には「思考・判断・表現」と表示しています。

**チャレンジテスト**

●主に「知識・技能」を問う問題か、「思考・判断・表現」を問う問題かで、それぞれに分類して出題しています。

## 別冊『丸つけラクラク解答』について

**おうちのかたへ** では、次のようなものを示しています。

- **学習のねらいやポイント**
- **まちがいやすいことやつまずきやすいところ**

お子様への説明や、学習内容の把握などにご活用ください。

内容の例

**おうちのかたへ**

このユニットでは、過去に行った場所やしたことを伝える表現を練習しました。I went to～.（私は～へ行きました。）などに対して、Sounds good!（楽しそうだね。）などを使って感想を伝えてみてください。

# 教科書ぴったりトレーニング 英語 6年 がんばり表

いつも見えるところに、この「がんばり表」をはっておこう。
この「ぴたトレ」を学習したら、シールをはろう！
どこまでがんばったかわかるよ。

## Unit 2 好きなものについて話そう

| 30~31ページ | 28~29ページ | 26~27ページ | 24~25ページ | 22~23ページ |
|---|---|---|---|---|
| ぴったり3 | ぴったり1 2 | ぴったり1 2 | ぴったり3 | ぴったり1 2 |
| できたら シールを はろう | できたら シールを はろう | できたら シールを はろう | できたら シールを はろう | できたら シールを はろう |

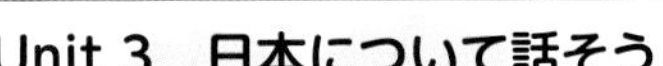

## Unit 3 日本について話そう

| 32~33ページ | 34~35ページ | 36~37ページ | 38~39ページ | 40~41ページ | 42~43ページ |
|---|---|---|---|---|---|
| ぴったり1 2 | ぴったり1 2 | ぴったり3 | ぴったり1 2 | ぴったり1 2 | ぴったり3 |
| できたら シールを はろう | できたら シールを はろう | できたら シールを はろう | できたら シールを はろう | できたら シールを はろう | できたら シールを はろう |

## Unit 6 思い出について話そう

| 78~79ページ | 76~77ページ | 74~75ページ | 72~73ページ | 70~71ページ | 68~69ページ |
|---|---|---|---|---|---|
| ぴったり3 | ぴったり1 2 | ぴったり1 2 | ぴったり3 | ぴったり1 2 | ぴったり1 2 |
| できたら シールを はろう | できたら シールを はろう | できたら シールを はろう | できたら シールを はろう | できたら シールを はろう | できたら シールを はろう |

## Unit 7 なりたいものについて話そう

| 80~81ページ | 82~83ページ | 84~85ページ | 86~87ページ | 88~89ページ |
|---|---|---|---|---|
| ぴったり1 2 | ぴったり3 | ぴったり1 2 | ぴったり1 2 | ぴったり3 |
| できたら シールを はろう | できたら シールを はろう | できたら シールを はろう | できたら シールを はろう | できたら シールを はろう |

Uni
90

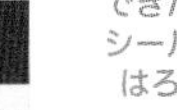

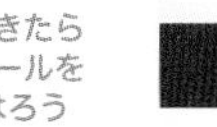

バッチリポスター

# 英語6年 場面で覚える英語集
## ー日課・したこと・感想ー

動作を表す英語

- get up（起きる）
- go to school（学校に行く）
- go to bed（ねる）
- take a bath（ふろに入る）
- do my homework（宿題をする）
- watch TV（テレビを見る）
- brush my teeth（歯をみがく）
- go home（家に帰る）
- take out the garbage（ごみを

ここでは、中学校で入りたい部活動や、将来なりたい
職業について話すときに使える英語を紹介しています。
英語を見ながら、自分ならどう答えるか考えてみましょう。
HIJKL
ここから音声が
聞けるよ！
rass band.
team.
What do you want to be?
あなたは何になりたいですか。
I want to be a police officer.
わたしは警察官になりたいです。
I want to be a doctor.
わたしは医者になりたいです。
nt to be a baker.
ン屋になりたいです。
飛行士）
芸人）
・vet（じゅう医）
・zookeeper（飼育員）
・actor（俳優）
・artist（芸術家）
・baseball player（野球選手）
・flight attendant（客室乗務員）
・florist（花屋）
・pilot（パイロット）
・scientist（科学者）
・singer（歌手）
・soccer player（サッカー選手）
・police officer（警察官）
・baker（パン屋）
・doctor（医者）

バッチリポスター

# 英語6年 場面で覚える英語集

## ―入りたい部活動・なりたい職業―

**部活動を表す英語**

- art club（美術部）
- basketball team（バスケットボール部）
- soccer team（サッカー部）
- tennis team（テニス部）
- badminton team（バドミントン部）
- chorus（合唱部）
- baseball team（野球部）
- volleyball team（バレーボール部）
- brass band（吹奏楽部）

**職業を表す英語**

- astronaut（宇宙
- comedian（お笑い
- farmer（農場主）
- nurse（看護師）
- teacher（先生）

HIJKL
ここでは、１日の生活ですること、過去にしたこと、感想について話すときに使える英語を紹介しています。英語を見ながら、自分ならどう答えるか考えてみましょう。
ここから音声が聞けるよ！
ch TV.
I always wash the dishes.
わたしがいつも皿を洗います。
How was your summer vacation?
あなたの夏休みはどうでしたか。
I usually take out the garbage.
わたしがたいていごみを出します。
しおり
It was great.
すばらしかったです。
・wash the dishes（皿を洗う）
出す）
過去の動作を表す英語
・went（行った）
・saw（見た）
・enjoyed（楽しんだ）
・ate（食べた）
・made（作った）

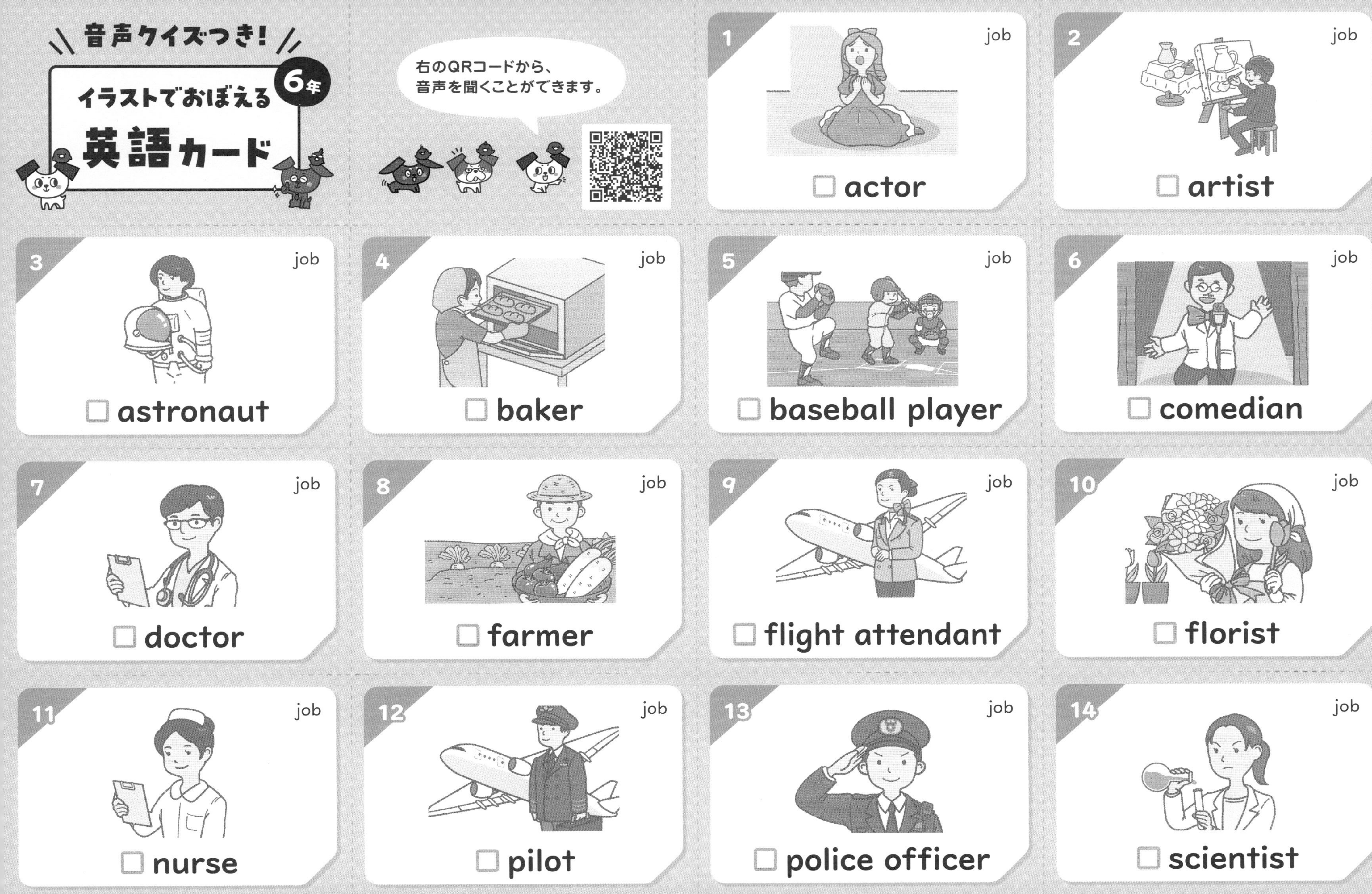

音声クイズつき！
イラストでおぼえる
英語カード
6年
右のQRコードから、
音声を聞くことができます。
1
job
□ actor
2
job
□ artist
3
job
□ astronaut
4
job
□ baker
5
job
□ baseball player
6
job
□ comedian
7
job
□ doctor
8
job
□ farmer
9
job
□ flight attendant
10
job
□ florist
11
job
□ nurse
12
job
□ pilot
13
job
□ police officer
14
job
□ scientist

## 使い方

❶音声を聞いて、英語を読んでみましょう。イラストと合わせて覚えましょう。

❷日本語とイラストを見て、英語を言えるか確認(かくにん)してみましょう。

❸音声クイズを聞いて、答えのカードを探(さが)してみましょう。

1 職業 □ 俳優(はいゆう)

2 職業 □ 芸術家

3 職業 □ 宇宙飛行士(うちゅうひこうし)

4 職業 □ パン屋

5 職業 □ 野球選手

6 職業 □ お笑い芸人

7 職業 □ 医者

8 職業 □ 農場主

9 職業 □ 客室乗務員

10 職業 □ 花屋

11 職業 □ 看護師(かんごし)

12 職業 □ パイロット

13 職業 □ 警察官(けいさつかん)

14 職業 □ 科学者

15
job
☐ singer
16
job
☐ soccer player
17
job
☐ teacher
18
job
☐ vet
19
job
☐ zookeeper
20
animal
☐ bird
21
animal
☐ chicken
22
animal
☐ dolphin
23
animal
☐ elephant
24
animal
☐ frog
25
animal
☐ giraffe
26
animal
☐ koala
27
animal
☐ monkey
28
animal
☐ mouse
29
animal
☐ octopus
30
animal
☐ panda

15
職業
□ 歌手
16
職業
□ サッカー選手
17
職業
□ 先生
18
職業
じゅうい
□ 獣医
19
職業
□ 動物園の飼育員
20
動物
□ 鳥
21
動物
□ ニワトリ
22
動物
□ イルカ
23
動物
□ ゾウ
24
動物
□ カエル
25
動物
□ キリン
26
動物
□ コアラ
27
動物
□ サル
28
動物
□ ネズミ
29
動物
□ タコ
30
動物
□ パンダ

31
animal
penguin
32
animal
pig
33
animal
snake
34
animal
whale
35
club activity
art club
36
club activity
badminton team
37
club activity
baseball team
38
club activity
basketball team
39
club activity
brass band
40
club activity
chorus
41
club activity
drama club
42
club activity
soccer team
43
club activity
tennis team
44
club activity
volleyball team
45
event
Children's Day
46
event
drama festival

31 動物 ペンギン
32 動物 ブタ
33 動物 ヘビ
34 動物 クジラ
35 部活動 美術部
36 部活動 バドミントン部
37 部活動 野球部
38 部活動 バスケットボール部
39 部活動 吹奏楽部（すいそうがくぶ）
40 部活動 合唱部
41 部活動 演劇部（えんげきぶ）
42 部活動 サッカー部
43 部活動 テニス部
44 部活動 バレーボール部
45 行事 こどもの日
46 行事 学芸会

47
event
□ entrance ceremony
48
event
□ field trip
49
event
□ graduation ceremony
50
event
□ music festival
51
event
□ New Year's Day
52
event
□ New Year's Eve
53
event
□ school trip
54
event
□ sports day
55
event
□ Star Festival
56
event
□ swimming meet
57
event
□ volunteer day
58
nature
□ beach
59
nature
□ lake
60
nature
□ mountain
61
nature
□ river
62
nature
□ sea

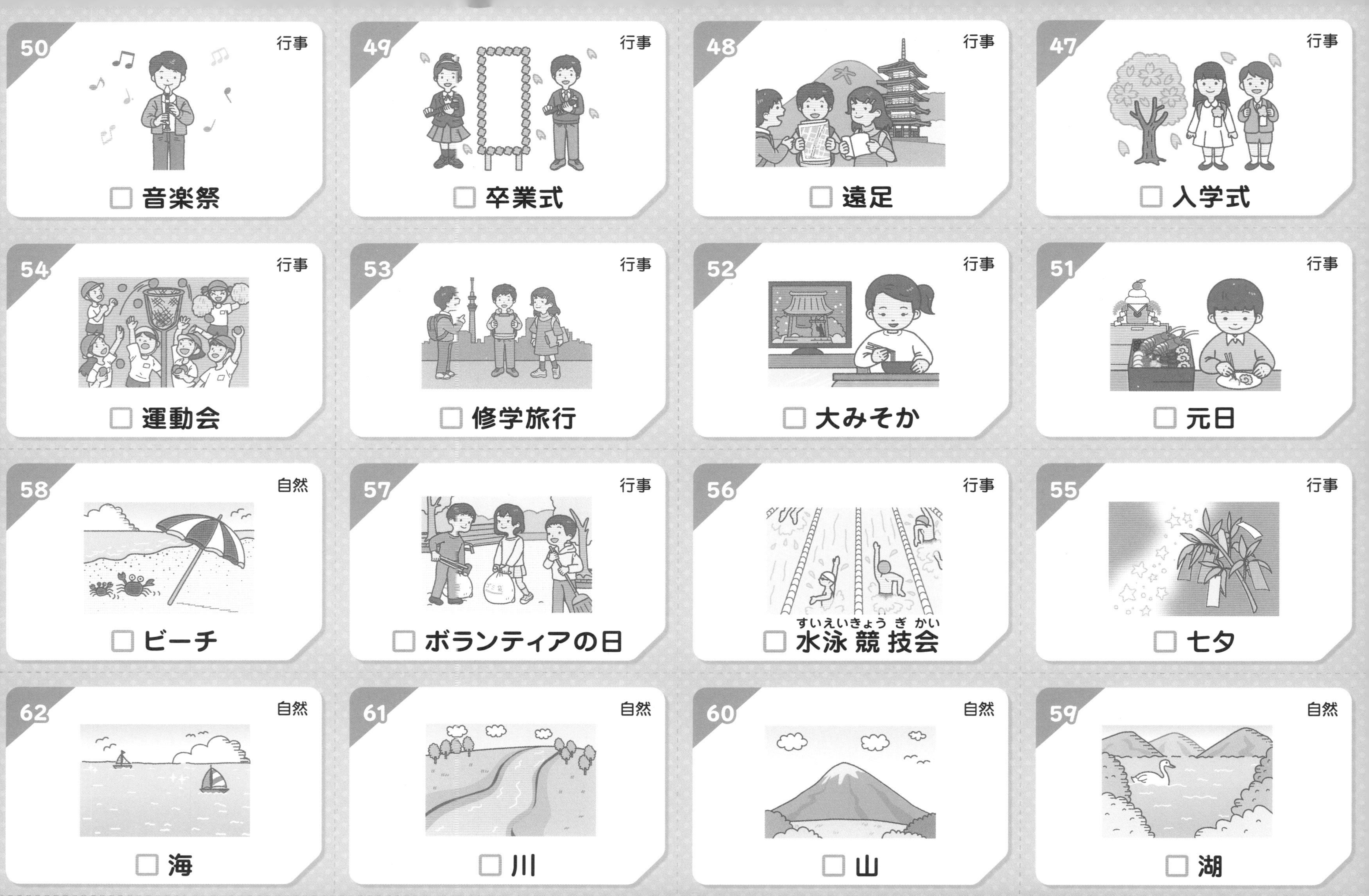
50
行事
□ 音楽祭
49
行事
□ 卒業式
48
行事
□ 遠足
47
行事
□ 入学式
54
行事
□ 運動会
53
行事
□ 修学旅行
52
行事
□ 大みそか
51
行事
□ 元日
58
自然
□ ビーチ
57
行事
□ ボランティアの日
56
行事
□ 水泳競技会（すいえいきょうぎかい）
55
行事
□ 七夕
62
自然
□ 海
61
自然
□ 川
60
自然
□ 山
59
自然
□ 湖